网红经济

网红经济时代
带你进入掘金新潮流

胡晓军◎著

北京工业大学出版社

图书在版编目（CIP）数据

网红经济 / 胡晓军著．—北京：北京工业大学出版社，2017.1

ISBN 978-7-5639-5057-7

Ⅰ.①网… Ⅱ.①胡… Ⅲ.①电子商务—商业模式—研究 Ⅳ.① F713.361

中国版本图书馆 CIP 数据核字（2016）第 307529 号

网红经济

著　　者：胡晓军
责任编辑：宫晓梅
封面设计：国风设计
出版发行：北京工业大学出版社
（北京市朝阳区平乐园 100 号　邮编：100124）
010-67391722（传真）　bgdcbs@sina.com
出 版 人：郝　勇
经销单位：全国各地新华书店
承印单位：三河市九洲财鑫印刷有限公司
开　　本：787 毫米 ×1092 毫米　1/16
印　　张：15.75
字　　数：203 千字
版　　次：2017 年 1 月第 1 版
印　　次：2017 年 1 月第 1 次印刷
标准书号：ISBN 978-7-5639-5057-7
定　　价：35.00 元

推荐序

小米科技创始人雷军曾说过："站在风口上，猪都能飞起来。"在传统的美容专业线上我们集团公司一直想在互联网领域有所建树，偶然的机会我认识了胡晓军先生，他幽默地把社交电商思维与网红经济的观点分享给了我们，这不仅让我大开眼界，还更加坚定了我们走向互联网的决心。如今网红经济与社交电商的风口来了，无论是网红本人，还是运营网红经济的操盘者，都获得了这个风口所带来的红利。

在品牌日趋人格化的今天，网红经济大行其道。传统品牌借助网红的偶像效应做得风生水起。网红充分利用自己的影响力，使品牌脱颖而出。

网红经济的本质是粉丝经济个体去中心化，网红利用自身的影响力在社交平台上推广产品，这种方式具有成本低和变现能力强的特点。

不是只有"白富美"、"高富帅"才能成为网红，事实上，拥有一技之长，善于运用社交媒体进行传播、推广、互动的人都有可能成为网红。网红具有很强的"草根"属性，在社交平台的垂直细分领域，那些拥有专业特长的人，可以成为小网红，等累积了一定的名气之后，就可以在微博、微信等大平台上扩大影响力。

目前，网红已经从一个单纯的社会现象演变为了一种经济行为，这就是“网红经济”。网红现象的迅速扩展已经不仅仅局限于单纯地与人分享与受人追捧了，而是在此基础上衍生出了一整套网红经济的运作模式，例如，目前已出现的服装、化妆美容、淘宝开店、造星工厂等产业。

不过，网红的短板也显而易见，其最大的短板就是供应链问题。网红的任务是在供应链前端推广产品，而后续的供应链服务则需要专业团队的合作，为网红推广的产品提供生产、销售、客服一条龙服务。为了弥补这一不足，许多网红选择与孵化公司合作，利用他们的专业化运作优势，为网红电商变现提供强有力的支持。对此，银河证券分析师马莉认为：“网红的出现可以改善供应链效率低下的问题。从供应链的一端，网红通过其自身对市场潮流的敏感度对接供应链厂商，主动向粉丝推荐经过筛选的产品，提高了供应链生产效率。”

网红借助社交媒体杠杆，定期更新内容，通过培养用户阅读习惯，巧妙地构建了消费场景促使粉丝购买。除此之外，网红根据不同平台设计导流方式，如微博通过店铺链接导入电商平台，微信通过公众号链接店铺来吸引人们注意力，从而加强店铺盈利能力。

网红品牌的传播策略就是走亲民路线——以人们喜闻乐见的方式进行品牌传播，例如品牌动漫化、传播娱乐化等。其目的就是获得粉丝的认同感，鼓励粉丝分享，完成粉丝文化的传播和消费闭环，突出品牌特色，塑造品牌形象，拉近企业与消费者之间的距离，放大粉丝经济效应。

应当指出的是，如今商品供应越来越丰富，用户在选择商品时有很强的话语权，只有个性化的独特产品才能打动消费者。其实现在的网红品牌，每个都有自己的鲜明风格，它们深耕小众市场，打造了特色的优势产品，从而赢得了消费者的喜爱。当下网红品牌应该继续在垂直细分领域深耕，把市场做精做细，来打造出独一无二的产品。

《网红经济》对网络红人现象进行了深层次探讨，同时，对网红的影响力、社交媒体的运用、网红孵化公司的运作模式、网红品牌化的运营思路、网红经济新生态等进行了详细阐释和解读。

爱康集团董事长　曹静源

自序

在全国人民都在用互联网+的时代，各大直销公司、保险公司、微商、业务员型的传统公司也都没有闲着，除了用互联网软件优化自身的平台，使之更好地为其经销商团队服务外，直销员团队、保险员团队、微商团队也在寻求社交电商模式，所以直销商网红化、保险员网红化、微商网红化成了他们突围的重点。网红，即网络红人，是当前一个非常受关注的群体，他们往往在现实或者网络生活中因为某个事件或者某个行为而被网民关注从而一炮走红。他们的某些特质往往在网络推手、传统媒体等网络作用下被放大，进而与网民的审美、审丑、刺激等产生共鸣，从而受到广大网名的追捧。社交电商本来的含义就是优化购买流程，让用户花最短的时间、最少的精力，通过喜欢的人，买到适合的商品，这与直销业、保险业本身的业务模式相吻合。其实直销、保险、微商的营销团队和网红之间只有一步之遥！网红和大家一样，都是普通人，只不过他的努力方向正确，把爱好当作了职业，付出了比别人更多的努力和汗水而已。同样是玩微博，他做了网红，而你只是普通人；同样是做直播，他成了万人迷，而你只能默默围观；同样是卖货，他日进斗金，而你却发愁销量。

营销团队网红化是必然的趋势，例如某直销公司经营的产品为保养品与美容品，模式为小而美的美容生活体验馆，取名为“云模式”，其团队开办了网红训练营，取名为“××特工队”与“绝对男神”。通过网红训练，让其团队的每位成员迅速拥有数千粉丝，并让他们成为其公司的忠实客户，网红通过粉丝们的疯狂传播，一年内让云模式旗下开了上千家美容生活体验馆。保险公司的营销团队同样通过疯狂的互联网网红训练，让其保险员把自己的保险客户转化为了粉丝，从而协助公司增员、增单。

虽然微商在网红训练上要比前两者做得稍好一点，但是因为他们疯狂地在朋友圈发广告，使得别人都害怕在微信上加微商了。所以微商要想在竞争激烈的营销市场中成功，只是网红化还不行，更应该做到网红专业化！

网红是依托于社交媒体而存在的，要想红，必须熟练使用社交媒体，必须学会在社交网络上展现自己，分享自己，必须比一般人更加懂用户。你在网络上看到的网红的样子，没准都是他在“美图秀秀”中的样子。美图工具用得好不好，甚至能决定你能不能红。所以，有时候，你和网红之间的距离，只差一个美图工具。使用美图工具，大象腿可以变成美美的大长腿，平胸可以变得丰满，“矮矬穷”可以变成“白富美”或者“高富帅”。

美图工具虽然可以迅速改变自己在虚拟世界中给人的印象，但请记住，美图虽然好，但也有缺点。丑媳妇早晚要见公婆，一旦成为网红，走向前台，跟粉丝面对面，美图工具就不再管用了。真正的网红线上线下都是同样优秀的，既然自己把自己当女神了，就必须按照女神的标准来要求自己。

胡晓军

2016年5月于北京

目录

01 第一章 揭秘网红经济：网红有着巨大的商业价值

网络时代，红人辈出，从而形成了目前声势浩大的网红经济。自“papi酱”获千万投资、马云宣布进军网红经济以来，各路资本迅速聚集。各公司围绕网红发展粉丝经济，打造网红品牌并有效进行电商导流。网红从一个社会现象，迅速演变成了一种经济行为。

移动互联网时代网红经济大发力

网红，就是指网络红人。高颜值的网络美女、社区论坛里的意见领袖、游戏高手、摄影达人、职业驴友等，都有可能成为网红。

在移动互联网时代，因高颜值或在现实中因某件事情备受关注而迅速走红的人不在少数。如“国民老公”王思聪的女友雪梨、郭富城的网红女友方媛。在这个看脸的时代，高颜值的网络红人总是能吸引眼球。伴随着与娱乐明星、大咖的绯闻以及网络推手的传播炒作，网红就这样产生了。

从本质上说，网红是依靠互联网的快速传播与放大效应以及众人的追捧综合出现的结果。互联网的核心作用之一就是放大效应，而现实中或网络上的某些人，因为自身某种特质在无意或有意中通过互联网快速传播而放大，这种特质与一部分网民的价值取向、审美标准相互契合，他们利用从众心理与羊群效应最终成为网络红人。

有些人属于“一不小心”被网民捧红的。有一个女孩视频直播七分钟睡觉，被“国民老公”王思聪打赏了7万元，这个女孩一下就红了。网红被别人关注、赞赏进而追捧，这种感觉的确很棒，人原本就是需要被认可进而被赞赏的，因此，网红就成了一些人所向往的职业。更令这些网红意想不到的是：网红不但能满足情感需要，还能变现，通过转化追捧自己的粉丝资源，还能兑换实实在在的真金白银，难怪一些人一心想当网红了。

以前的网红，大多属于无意为之，后来人们发现原来网红还可以赚大钱，所以，如今各路资本开始围绕网红构筑盈利模式。大众对高颜值美女的追逐造就了一批整容网红，由于美女网红是最为典型的网红，许多追求快速成名的年轻女孩，除了不断提高自己的化妆技术来提高颜值外，更是通过整容来提高自己的颜值，以此满足大众欣赏美女的要求。

网红已经从一个单纯的社会现象演变为了一种经济行为。网红的迅速发展已经不仅仅是过去单纯地分享与受人追捧，目前已出现相应服装、化妆美容、淘宝开店、造星工厂等，这表明网红从一个社会现象演变为一种经济行为，即网红经济出现。

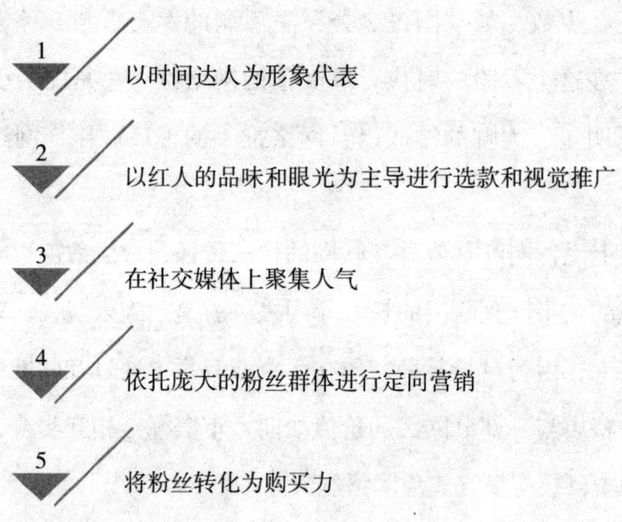

最初，网红经济是在服装行业上表现抢眼。

据淘宝后台数据显示，截至2015年8月份，网红雪梨的淘宝店有评价的成交单超过87万，产品单价在220至240元之间，销售额超2亿元，全年可赚1.5亿元。知名模特、微博网红张大奕拥有377万名粉丝，其淘宝店于

2014年5月份开张，每当店铺上新款，其当日销售额常常是淘宝女装类目的第一名。网红赵大喜在上大学的时候就开始开网店了，每天花大量的时间在微博上与粉丝互动，挑选受粉丝欢迎的款式打版投产，目前，她已经拥有了一家自己的服装加工厂，员工人数超过100名。张林超签约LIN家后，曾出现过几万人疯抢15款新品现货的壮观场面，1分钟之内现货就被抢购一空，平均客单价超千元。网红店铺的盈利能力确实很强。

网红经济市场容量巨大，与淘品牌的崛起类似，网红自发地在淘宝、天猫上发展了起来。2014年"双11"活动中，销量前10名的女装店铺中网红店铺占据7席，部分店铺销售额超1000万。2015年12月，阿里巴巴CEO张勇表示："在淘宝平台上有数百位网红，这些网红的粉丝数量超过5000万，他们依靠微博、QQ、论坛、微信等社交平台快速引进时尚风潮，在淘宝上进行预售、定制，配合淘宝电商平台形成了完整的供应链。"目前，淘宝女装店铺中网红店铺占了相当大部分。

网红个性化品牌优势明显，除了服装行业，目前网红经济领域已经延伸到了游戏、健身、旅游、美食、动漫等细分市场。很多网红已经开始公司化运作，开始运营网红品牌，并向整个供应链体系渗透。通过电商平台，网红利用自身对粉丝的影响力逐渐把外围的、站外的流量变现，除了发展网红店铺的粉丝经济之外，还发动粉丝大量地从站外拉入很多流量进电商平台。以前的网红更多的是分享爆款，而现在的网红更多的是自己开店，经营自己的品牌，管理整个供应链系统。网红开始走上专业化运作公司的征程。

不只是美女经济，也不仅仅是服装行业，事实上，人们的生活包罗万象，移动互联网时代，有一技之长且在某些领域有影响力的人都能成为网红。除了美女，游戏高手、财经评论员、社会活动家、著名教师等都有特定的粉丝群体，均有影响粉丝消费行为的潜力。除了服装，网红经济还包括游戏产业、视觉素材、旅游、美容保健、母婴用品、餐饮娱乐等行业，这些行业促进了网红经济进一步发展。

网红驱动下的粉丝经济异军突起

在我国电子商务市场中，网红和直播市场迎来了飞速发展的时代，网红经济的出现和迅猛发展，将重新塑造电子商务市场，因为其激发了网购的需求和娱乐消费。

一些网红的忠实粉丝，在购物中甚至会丧失理智，只要是网红推广的商品，他们都会想方设法购买。而网红的视频直播，则带动了年轻人的娱乐消费，虚拟物品、广告收入、流量导入等都可以转换成真金白银。

近年来，网络直播市场异常火爆。一些知名度较高的直播平台，一般都与社交媒体和在线游戏相关。而市场对在线娱乐需求的不断增加，是导致直播平台实现爆炸式增长的主要原因。据统计，目前直播平台吸引了约2亿名注册用户，一些网站更是在同一时间运营几千个直播工作室。除了广告收入外，直播平台的大部分收入来自虚拟物品的销售。平台的观众可以购买虚拟物品给予网红，也有大量的观众通过支付平台直接将现金打给网红，网站除了给网红一些分成外，大部分的金额会收入自己的囊中。

萌萌是一名在校的大学生，即将毕业的她并没有像其他姐妹一样忙于找工作，而是玩起了网络直播。她是映客的主播，主要工作就是跟网民聊天。

萌萌说："大部分特别火的主播都有后台或者公司在推动，很多人不理解主播为什么能挣那么多钱，其实就是规模效应。看直播的人多了，基数大了，即使一个人花1元钱，最终的打赏金额也相当可观。”萌萌表示：“我挺喜欢这个行业的，每天都睡不着觉，琢磨着怎么让自己说话逗。”

萌萌说的是实情，有业内消息指出：一些网红直播者年收入可超1000万元人民币。网络直播作为娱乐圈的新鲜职业正在兴起，摄像头中或娇憨可爱或妙语如珠或成熟睿智的网络主播一直半虚幻地生活在人们的臆测之中，通过直播平台，粉丝们的金钱化作虚拟的礼物不断地献给主播，人气高的主播，可能会一夜暴富。

YY平台上有一位叫“道哥”的男主播，在众多肤白、大眼、锥子脸的女主播中，道哥以其俊朗的外形和勤勉励志的形象活跃在一线行列。道哥的人气很旺，一次直播可吸引10万以上的粉丝观看，其粉丝的总数也在100万以上，他平均一个月的打赏收入就能达到100万，属于顶级主播。

道哥的商业头脑远不止获取打赏收入，现在他的身份不仅仅是网络主播，他还是诚品传媒公司的董事长、影视投资人、SCC超跑俱乐部的成员。

道哥的故事很励志。他在入行网络直播之前，是北京一家电梯销售公司的销售员，当时的工资只有1500元。2015年5月，一次偶然的机会，道哥做了网络直播，从第一次直播800多人观看到后来几万甚至十几万人同时在线观看，道哥仅用了不到一年的时间。“大家看到的就是一个手机一个摄像头，其实若没有努力和付出，是不可能成功的。”道哥表示，“自己3年前的体重是170斤，现在是60公斤且有8块腹肌。前几年就把猪肉、米饭戒了，现在油盐都很少吃。”

当时道哥涉足网络直播的时候，朋友们并不理解，但现在大众对于直播的心态已经发生了转变。“大家就是想看真实的、互动性强的视频直播，所以为了把直播做完美，就得花更多的心思。”为了每天的3小时直播，道哥每天晚上都要看段子，琢磨第二天放什么背景音乐，聊什么话题。还得不断换造型、换空间，以丰富节目内容来让粉丝看到不一样的自己。对此，道哥解释道："看热闹终究会一哄而散，要留住粉丝还得花一番功夫。"

如今，道哥又多了一份工作——培养新主播。道哥与朋友一同成立的Play，会对主播进行唱歌、跳舞、脱口秀培训。"其实主播竞争非常激烈，光为一个主播服务的工作人员就有20多人，线上兼职的也有近100人，要想脱颖而出，还得靠专业化运作。"道哥表示。

网红经济的出现引起了创投基金的热捧。"papi酱"近来获得了1200万元的融资，成为各大媒体关注的焦点。参与交易的创投基金包括真格基金、罗辑思维、光源资本和星图资本。"papi酱"是在社交媒体网站上发布吐槽和讽刺时弊的视频后才成名的，目前"papi酱"和她的团队估值达到1亿元人民币。资本的涌入说明了网红拥有潜在的盈利能力和商业价值。

网红在在线平台的参与模式可分为以下三种：一是在淘宝店或其他微店上出售经营权；二是在直播中出售虚拟物品和登广告，所得收入与平台分成；三是生产原创内容，吸引广告商的加入。

网红不但可以自己在淘宝上开店，还可以出售微店经营权或者通过加盟的方式共同打理网红店铺，而网红可以通过收取一定的加盟费来获取收益。至于在直播中出售虚拟物品，主要是在视频直播中，通过粉丝的打赏来实现的。虚拟的礼品通常从几元到几十元不等，粉丝可以购买这些礼品赏给视频直播主持人，当网红具有一定名气之后，在视频中还可以出售贴片广告。

据业内预测，网红和直播市场将快速扩张，受益者除了网红外，还有供应链中的企业，包括上游的设备生产商（光纤组件、服务器、网络设备生产商）、电信运营商和CDN（内容分发网络）服务供应商、直播平台、网红经纪人和电子商务运营商等。

虽然网红经济前景看好，但其商业模式要解决内容、复购和流量三大难题。

1.要解决内容生产问题

短视频的制作成本很低，但怎么保证下一款产品依然是爆款？例如，仅仅靠一脱成名的网红是红不了多久的。郭美美网络炫富、干露露大尺度露肉，只能赚一时的眼球，很难引起网民们的持续关注，而且，最近广电总局下文明令禁止低俗内容在网络上传播，很多视频直播网站被勒令整改，“出格”的言语行为将受到越来越严格的限制。对于靠优质内容吸引粉丝的创作者来说，如何保证产品的产量和质量就成了首要的问题。

2.要解决复购率问题

如何让粉丝重复购买，怎么解决产品与购买之间的对接问题，这是网红经济模式能否实现盈利的关键。比如，网红平台要靠贴片广告盈利，首先需要解决的是广告投放的转化率，其次才是复购率。段子手尽管有数目庞大的粉丝群，传播范围也很广，但粉丝更偏爱娱乐化而缺乏商业转化能力。品牌客户投放一段时间后，大家并没有看到特别的商业转化，或者从另一个角度来说，当段子手不能持续生产出爆款产品，品牌客户很可能会移情别恋去尝试新的热点。逐利是资本的唯一目标，资本的投入是要加倍收回来的。正因如此，品牌客户对转化的监测是非常专业和精准的，尝鲜型的投放在没有具体数据支持的情况下，也很难变成常规投放。

3.要解决流量问题

网红经济的核心要素之一就是流量。如今，网红们忙着在微博、微信上留住粉丝，企业家忙着在网络平台留住用户，创业者忙着在星巴克咖啡屋找寻人脉，我们忙着在微信朋友圈转发、集赞……似乎人人都在忙着跑马圈地。

不管你在网络上展示何种产品或服务，只有拥有足够数量的用户或粉丝才有活路。也就是说，必须有用户喜欢你推出的东西，从品牌的角度来说就是要有知名度和美誉度。而从网红经济的思路出发，就是要有流量。

即使上述三个问题都解决了，也不见得就一定能盈利。没有流量，就不会有生意，有了流量，也不见得会有好生意。规模和效益是两个不同的概念。虽然有粉丝涌入，但他却只看不买，这样的粉丝虽然带来了巨大流量，但其实都是无用流量。

腾讯QQ的用户是以亿为单位计算的，每天的流量已经到了让同行望而却步的境界，但是，以大流量为平台的商家也并非处处开花。在当当网、苏宁以及国美等英雄豪杰厮杀的领域，腾讯的拍拍却表现平平，实在算不上出彩，腾讯巨大的用户流量却没能让拍拍真正火起来。

因此企业要耐心地做好产品，踏踏实实地沉淀好客户，打造独特的品牌，持续不断地与用户沟通，适时采用灵活的手段和策略，切实将流量转化为可衡量的经济效益。

网红孵化：可被复制的网红生产线

网红经济的崛起催生了电商领域全新的商业模式：网红在前端利用自身人气来维持和粉丝的高频互动，从而感知、影响他们的消费需求；而孵化器公司则在后端迅速反应，迅速提供生产、销售、客服等一条龙服务。

网红孵化公司瞄准了粉丝量大、活跃度高、影响力广的网红，并通过培养、包装、策划、运营，来提升和改造其真正的电商交易能力，以最大限度地实现自身和网红的变现价值。

网红电商为网红店铺提供完备的供应链服务，这是网红 + 电商的主要运作模式。

2015年的“双11”夜，激动的不只是电商大佬马云，还有淘宝衣橱店主张大奕，这一夜，她的服装销售额突破6000万元，在淘宝所有女装店铺中排名第二。作为网红电商的代表人物，张大奕曾是一名模特。2014年参加阿里巴巴举办的国民校花比赛获得冠军，此后，张大奕与网红孵化公司如涵电商签约，成为首批告别单打独斗式的网红盈利模式的践行者之一。

目前，绝大多数网红都还处于单打独斗状态，特别是在服装领域，网红一个人包揽了采购、选款、定制、宣传和客服等全部流程。

缺乏团队运作的网红在经营模式上显然有着许多弊端。比如，一位平面模特出身的网红就说："虽然穿衣服我们很懂，但是对面料什么的我们一窍不通。有一次做出来一批衣服，一下水掉色非常严重，引来了很多差评。最倒霉的是遇到了不靠谱的厂家，延期出货，导致错过了最佳销售时期，结果全部压在了手里，赔了好几万元。"

显然，网红经济也不是包赚不赔的，运作不当也会亏得很惨。虽然网红长得漂亮，会穿衣服，有相当大的号召力，但在如何将粉丝关注转化为购买力，如何保障产品供应的数量和质量方面，显然电商更有优势。另外，网红自己筹办工厂或者找代工厂合作，一是投资大，二来也存在一定风险。在这种情况下，网红孵化公司就应运而生了。这些电商将原有的网红个体店铺串联，进行整体经营。他们不仅能打通上游设计生产、下游推广销售等各个环节，甚至还能充当经纪公司的角色，创造出一套复制性强的网红经济生产线。

到目前为止，如涵电商作为孵化公司，在网红经济的运营中属于佼佼者，淘宝女装店铺排名靠前的多家网红店铺，如张大奕、管阿姨、左娇娇等网红都来自这家公司，目前如涵旗下已经有近50名签约的网红。

如涵前身就是一家淘宝女装店，随着网红经济的崛起，如涵结束了自身店铺的运营工作，转而开始专心经营网红孵化。据了解，如涵有自己的采购团队、设计团队、加工工厂、仓储系统和客服。在供应链的管理上可谓做足了功课。现在的如涵，已转型成了真正意义上的网红电商了。其运营模式如下：

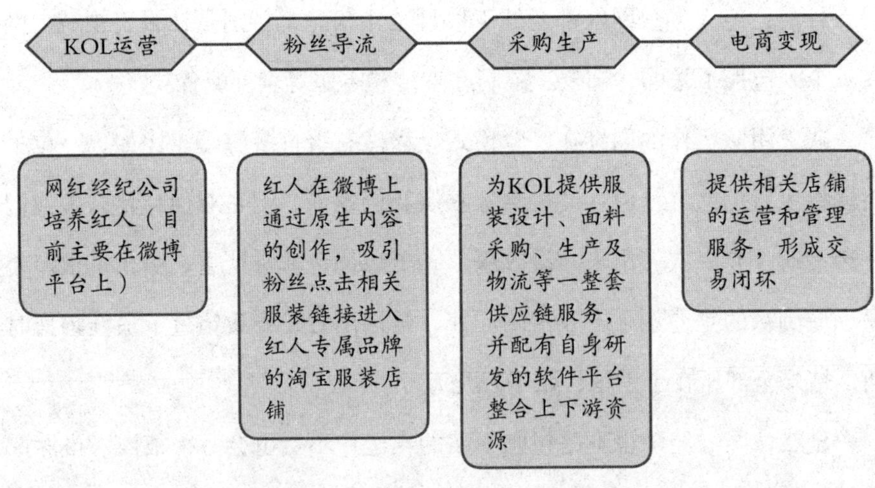

（注：KOL是Key Opinion Leader的简称，意思是关键意见领袖。KOL被视为一种比较新的营销手段，它发挥了社交媒体在覆盖面和影响力方面的优势。KOL的粉丝黏性很强，价值观各方面都很受粉丝认同，所以KOL的推荐，是带有光环的，粉丝们真会细读点赞。与网红相比，KOL更有号召力和影响力。）

“你负责貌美如花，我负责赚钱养家。”如涵创始人冯敏这样形容目前的商业模式。他表示，如涵在为网红店铺提供完备供应链服务的同时，也在帮助网红们维持社交媒体上与粉丝的互动，让粉丝群体与网红保持亲密和谐的关系。

再回过头来看看单打独斗的网红店铺，其短板显而易见：团队管理混乱、缺乏供应链支持、运用内容留住粉丝和扩大粉丝圈的能力弱，对于技术的把控和对数据的分析也是网红的短板，而这些恰恰是网红电商所擅长的。

可以说，网红与孵化公司合作，是网红经济发展的趋势。在杭州，像如涵电商一样的网红孵化公司如雨后春笋般纷纷成立。同时，一些有实力的网红店铺也开始建立团队运作模式。比如雪梨在2015年成立了自己的品牌工作室“钱夫人”，除了她本人，公司还签约了4名网红。而那些个性并不突出的网红，孵化公司甚至还负责为他们提供内容产出，从微博文案到视频制作都有专人打理。

据了解，目前网红与孵化公司的合作模式有三种：一是孵化公司出资，网红出力，网红拿10%至20%的销售额；二是网红出资，孵化公司负责提供供应链服务，孵化公司拿10%至30%的销售额；三是网红和孵化公司共同出资，共同建设产业链，网红一般会获得底薪+利润分成。

网红与孵化公司的合作可有效降低库存、快速响应市场需求、为消费者提供个性化的产品，从而有效增加收益。那么他们都有哪些具体措施和效果呢？

1.经济效益大幅提升

依靠网红强大的粉丝效应，网红服装店铺的利润率可以保持在20%左右，已经远远高出传统行业了。利润主要源自于网红的明星效应。调查发现，很多相同面料、款式的服装价格并不一致，价格的高低与网红的知名度排序成正比。不少消费者表示，尽管有时也会在淘宝上搜到同款，但出于对网红的喜爱，即使高价也会购买。

2.部分现货＋预售的方式减少库存

传统服装生产商不良库存率一般在12%至15%，而网红店铺的库存率大约在2%至3%。之所以会这样，最主要的原因是网红店铺采取了少量现货+预售的模式：最好的样衣由网红拍照并提前投放到微博端测试新品人气，根据粉丝反馈确定首批订单量，并迅速投入生产，这不仅大大缩短了新品研制的周期，还有效控制了不良库存率。

3.产品投放更为精准

网红通过与粉丝的互动，从中了解了粉丝的喜好和购买意愿。比如张大奕会在微博上贴出同一条裙子的不同图案，询问粉丝哪一种设计更好。雪梨会将相同花色不同质地的面料搬到网络平台上，然后调查粉丝能够接受的心理价位。根据点赞数量和评论的内容，网红能及时获得粉丝的口味偏好以及价格的接受程度，从而更精准地为用户提供产品。

网红+创投资本：催生网红经济新模式

真格基金创始人徐小平认为：网红现象是2016年最激动人心的现象，网红将塑造出一种全新的商业模式，在俞敏洪、陈欧的时代，先有商业、先有现金流，然后有品牌。品牌是靠创业者艰苦奋斗，一点一滴做出来的。而网红时代，则是先有品牌，先占领人心，确立魅力人格体，然后再给消费者提供他们所需的产品。

其实，网红现象早就存在。比如很早之前的“芙蓉姐姐”、“天仙妹妹”、“龅牙哥”、“凤姐”都算网红。那时的网红只是一种现象，一种被网民病毒式传播的文化现象，那时网红还未成为一个极强的概念性话题，背后很少有资本方推动，并且很少有利益掺杂其中。

但今天的网红不一样，今天的网红其本质目的就是为了赚钱，而且相当多的网红也赚了个盆满钵满。不仅是网红，围绕网红的整个产业链经济也在形成。比如，就拿网红扎堆的直播平台来说，斗鱼直播在2016年3月宣布完成新一轮1亿美元B轮融资，紧随其后的是王思聪的熊猫TV、知名时尚博主“gogoboi”将首个自频道落户优酷。网红的背后都有团队与产业链资源在运作。

创投资本正是看准了网红的经济潜力才加入进来的，网红+创投资本就是要进一步推动网红经济的发展。事实上，这与P2P（对等计算机网络）、O2O（线上到线下）的火爆是一样的道理。在资本市场中，人们永远在追逐新的投资商机，资本全力在背后打造网红的目的就是为了迅速获利。

目前，国家一直在强调创业、创新的重要性，因此全国兴起了投资创业的热潮，没有资金没关系，没有人脉也没关系，只要你有好的创意被风险投资基金相中，他们就有可能为你的创意投下几千万甚至上亿元的资金，并组织专业团队来运作你的项目。那么风投资本为何如此青睐网红呢？

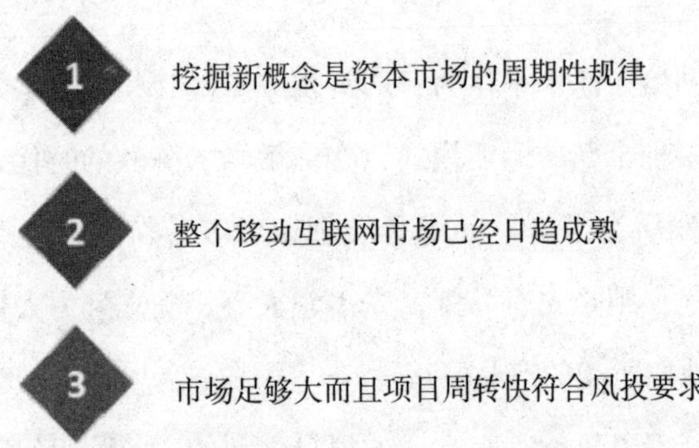

风险投资的最主要特点是新潮和可操作性强。挖掘新概念是资本市场的周期性规律，从互联网思维、大数据工厂、O2O经济，到微商经济、移动互联网营销、网红经济莫不如此。目前挖掘网红经济，是源于整个移动互联网市场已经日趋成熟，定位于年轻一族的新潮消费者几乎人人都在使用智能终端，信息的输送和传播已经没有任何障碍。在这种情况下，资本迅速跟上，市场足够大而且项目快进快出是风投资本的最爱，而网红经济的迅速变现符合资本市场迅速圈钱的逻辑，资本市场越来越青睐网红可以说是必然的趋势。

各路资本的强势介入和专业化运作，带动了影视文化、动漫音乐、通信、互联网零售、餐饮、电商等多个板块的概念股大涨，使粉丝经济概念股持续处于火爆状态，资本方从中持续获利。目前，网红市场规模超1000亿，不少网红概念股一路涨停，这就是资本方在推动网红经济发展的背后迅速获利的本质。

从创业者的角度来说，涉足网红经济这一领域一定要谨慎。原因有以下三点：

1.网红创业门槛较高

今天的资本市场对烧钱但看不到盈利前景的项目已经不感兴趣了。网红经济的火爆有其特定的规律：从“papi酱”到“咪蒙”，基本属于本身在细分领域紧扣粉丝心理诉求的内容创业者，他们的特质不具备可复制性。除此之外，网红经济目前也都是烧钱模式。据了解，要捧红一名网红，没有100万元下不来。直播平台作为孕育网红的平台，其前期的投资巨大，而且知名主播的签约费水涨船高，比如，“虎牙”就以1亿元人民币签下电竞女王“Miss”3年合约。当网红被风投竞相追捧时，网红背后的平台价值也会水涨船高。一般普通的投资者要闯入这一领域并不容易。

2.创业者要考虑政策红线的风险

虽然网红是风险投资竞相追捧的对象，但其负面效应也是显而易见的。大量网红涌现，加剧了这一行业的竞争。为迎合低俗趣味，许多直播平台的网红为吸引眼球，不断打擦边球触碰底线来博名取利，导致平台触碰政策红线的风险也与日俱增，政策层面也加强了约束。比如最近网红“papi酱”就被广电总局责令线下整改，而之前文化部已将斗鱼、虎牙直播、YY、六间房等多家网络直播平台列入查处名单。显然，靠出格的言行搏出位而迅速蹿红将越来越困难。因此，要想在网红经济领域创业成功，就要有自己的一技之长，靠真材实料来创业。

3.创业者要考虑切实有效的商业化手段

大多数网红并没有新的商业化手段。对于创业者而言，要积累粉丝成为网红本身就是一道极高的门槛，缺乏资本推动的网红往往只是昙花一现，网红未来被政策钳制的可能性大增。而那些有商业化手段的网红，往往有资源和资本大佬在背后助推，他们能跨越产业链和平台，未来可从内容生产者向经营者转型。此外，当今的网红和淘宝、广告、套现、融资紧密结合在一起，成为资本市场利益链条上不可或缺的一环，它并不适合多数领域的创业者。也就是说，对创业者而言，网红的变现模式不具备普适性，网红更多承担的是一个导购的角色，是意见领袖，以此来向粉丝卖广告或者进行电商经营。

归根结底，创业者的核心始终要解决产品创新、资金、技术、商业模式以及用户获取、运营环节的问题。对于理性的创业者而言，技术资源、供应链管理、质量控制、网红资源都应该为产品服务。

网红经济的专业化、个性化趋势

网红的本质是为商品寻找新的营销途径，网红经济的核心卡位一端是社交平台，另一端是高品质快反应的供应链。这两个核心要素决定了网红经济要获得持续、稳定的发展，就必须进行专业化运作：一方面通过大数据挖掘不同类型的网红，另一方面制造性价比高、符合潮流趋势的产品。

在整个产业链中，小型的社交平台是生产网红的主要场所。一些在专业领域有特殊才能的网友，在回帖互动的过程中逐渐受到其他兴趣相同的网友的关注。随着关注人数的增多，该具有特殊才能的网友便逐渐成了网红。由于各个具有专业性或功能性的社交网站其日常流量相对有限，为了持续提高自身知名度，网红会持续向流量较大的综合性社交平台聚集，并在综合性社交平台上以网红的身份与广大粉丝互动。

网红经济的基础是有一支专业的内容制作团队，以视频网红为例：

首先由专业策划团队制定网红独特的人物属性，分析网红特征以及市场同类型相似爆款，结合目标粉丝特点和流行趋势策划视频内容。

其次专业制作团队针对网红属性和故事特点，确定视频风格和拍摄手法，进行内容生产制作。

再次将制作好的视频推送到相应的平台进行宣传、推广。

最后保持粉丝互动，维护粉丝经济。

由此可见，网红经济中，网红已经不是整个体系的核心了，真正的核心开始从网红向整个供应链运作团队转移。

再看一看网红经纪公司的运作模式：

首先寻找签约现有网红。

其次组织专业团队维护网红社交账号。网红经纪公司需要定期更新吸引粉丝注意力的内容，需要考虑制定维持粉丝黏性的方案，从而使网红能够吸引粉丝点击相关店铺链接或者关注网红推广的产品。

再次利用供应链组织生产能力为网红提供对接供应链渠道，将其在网上推广的产品进行实体生产。

最后提供相关电商店铺的运营管理，将网红社交资产进行变现。

网红经济中，网红是作为社交资产存在的，网红的社交资产能够通过广告和网红电商的方式变现。网红的范围不止于视频美女，网络上以微博为主的各大社交平台上均活跃着各类垂直领域的意见领袖或者行业达人，游戏、动漫、美食、宠物、时尚、股票等领域都有一些极具影响力的网红。

网红的最大特点就是平民化、廉价、营销精准，其商业价值正在被逐步挖掘。与粉丝经济营销不同的是，网红经济由于网红在特定领域的专业性，网红能够更精准地将产品导向粉丝需求，提高了消费转化率。同时，围绕网红的上下游供应链在广告和流量方面能节省不少费用，加之网红经济的平民化特点，相较于粉丝经济有独特的优势。

缇苏电商是杭州一家知名的网红孵化公司，目前拥有“VC阮”等知名网红。这家公司手中握有100多家服装厂的生产资源。在介入网红经济后，缇苏电商改善并加强了供应链体系，光负责样衣打版、采购、质检的员工就有100多人；此外还有300多人的运营团队，其中包括客服、仓储、物流服务等。通过专业化运作，缇苏电商大大缩短了产品供应周期，提高了供应链的可控性，在降低风险的同时也在一定程度上节约了成本。

在网红经济的产业链中，主要包括各社交平台、网红、网红孵化公司、电商平台以及为网红提供产品的供应链平台或品牌商。他们之间的关系如下：

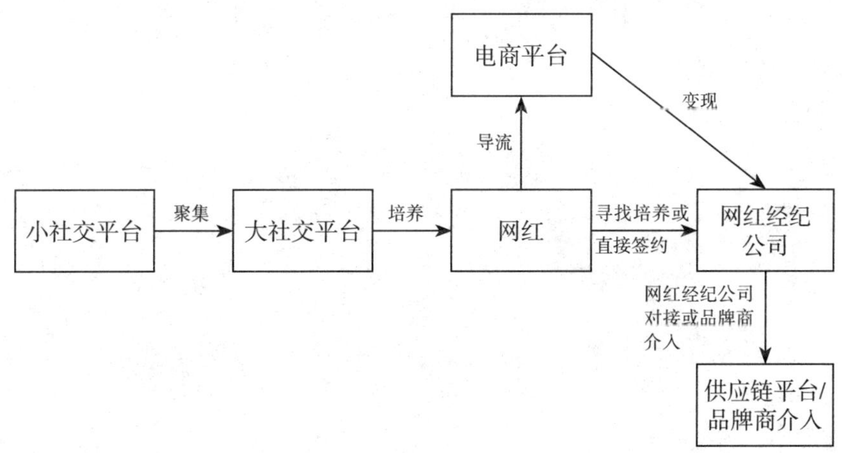

资料来源：中国银河证券研究部网络资料

由于网红讲究时尚性和独特性，网红的供应商要能够灵活应对下游消费者需求，小批量定制、迅速发货，是网红供应商的基本特点。因此，网红如何对接供应链服务平台，如何在具备了一定规模之后依然能够保持快速反应，如何为消费者提供高品质的产品和服务，这对供应链管理提出了较高要求。部分品牌上市公司也想借助自己已有的成熟供应链体系参与到这个环节之中。

虽然网红销售本身仍只是一种销售方式，但其有望将线上交易场所从中心电商平台转移至社交电商平台。随着品牌商将交易转向网红，网红所依托的社交平台将吸引越来越多的顾客浏览，产生更多的产品。移动社交电商通过无缝对接社交平台的方式将迎来更多的产品交易。

案例：网红开店年赚1.5亿，收入比肩娱乐圈“范爷”

在2015年中国福布斯名人榜中，范冰冰以1.28亿元的收入位居榜首，对此，人们并不感觉惊奇，人家毕竟是大明星，吸金能力当然非一般平民百姓可比。不过，网红的出现似乎正在打破这一认知。2015年，作为平民的网红，其年收入超过1亿元的就有6位之多。

2015年8月26日，上海举办了一场“网红经济”研讨会，多位网红齐聚一堂，透露了她们的生意经。据淘宝相关负责人透露，本次参加研讨会的6个美女网红，每人每年的净收入都超过了1亿元。

目前网红开店费用率（粗略计算）

天猫抽成	5%
仓储物流成本	10%
网页维护及服装拍摄制作费	5%
人工等劳动成本	10%~15%
推广费用	–
网红背后团队	5%~10%
网红分成	5%~20%
总计	40%~65%

资料来源：中国银河证券研究部网络资料

淘宝提供的数据显示，目前在淘宝女装类目中，月销售过百万的网红店铺有1000个，其中有些店铺一次上新之后，3天时间就能完成线下实体店一年的销售量。2015年的“6·18”大促销中，销量前十的淘宝女装店铺，有7家是网红店铺，堪称淘宝奇迹。

网红店铺的盈利能力

网红	淘宝店铺情况
张大奕	拥有377万名粉丝，其淘宝店铺于2014年5月份开张，不到一年即达到五颗皇冠级别。每当店铺上新，其当日销售额常常是淘宝女装类目的第一名
雪梨	据淘宝后台数据显示，截至2015年8月，雪梨的淘宝店当年有评价的成交单超过87万，产品单价在220~240元之间，销售额超2亿元，按照服装零售50%的利润率全年可净赚1.5亿元
赵大喜	大学时开始开网店，每天花大量时间在微博上与用户互动，挑选受欢迎的款式打版，投产后上架淘宝店。2013年毕业后，她已经拥有了一个100多人的工厂
张林超	张林超开的红人店铺LIN家，在2015年4月的一次上新中，仅仅1分钟就有数万人进店抢购，15款新品现货瞬间被抢购一空，平均客单价超千元
金怜佳	签约莉家后粉丝迅速上涨，供应链得到改善，店铺年销售额少则百万，多则过亿

数据来源：中国经济网、站长之家、国泰君安证券研究

在这些网红中，朱宸慧又是最抢眼的一个，朱宸慧即网友熟悉的网红雪梨，出生于1990年，其淘宝店铺名叫“钱夫人”。

据淘宝提供的后台数据显示，至2015年8月止，钱夫人店有评价的成交单是873331笔，所售产品平均客单价在220~240元之间。据测算，雪梨的淘宝店已经至少有超过2亿元人民币的销售额。据国泰君安报告显示：雪梨淘宝店全年的盈利达到1.5亿元。

除了网红效应，雪梨在商品的选择、店铺的营销模式上还是下了一番功夫的。那么店铺成功的秘诀在哪里呢?

点击淘宝网，输入“钱夫人”，就会出现“钱夫人原单店”、“钱夫人独家定制”、“钱夫人韩国馆”……其中，仅“钱夫人独家定制”销量超12万件。进入店铺主页，迎面而来的是数以百计的图片，让人第一印象

感觉不是进入了一家淘宝店铺，而是一个美女图片网。往下拉，看到首页推荐的12个宝贝，销量均突破千件，排在前三位的宝贝销量突破万件。

该店对商品描述的关键词是“独家定制”、“牛仔外套”。商品描述只是简单的几句话：“这件牛仔衣你们不买我真的会哭的！真的是定了很低很低的价格，你们拿到手光看上面的星星都会觉得超值了……”卖萌加撒娇，随后就是一大堆真人图片。

而卖家的评价：“特别棒！！！本来在×××运动品牌店买了600多元的牛仔衣，看到这件立马把那个退了，哈哈哈，穿上也好看！”“第一次买雪梨家的衣服，好惊喜，好喜欢，每件都喜欢，以后就你家了！”……通过淘宝店铺一目了然的评价体系，基本没有差评，当然也并非是一面倒的赞，买家对一些细节“味道大”、“袖子粗”也颇有微词，有瑕疵的评价显得更真实。

其实网红店铺表现不亚于知名品牌，淘宝红人店铺有着较为清晰的商业模式。毫无疑问，网红店铺的盈利能力要远远高于普通人。数以亿计的销售额背后，是社交媒体上百万量级的粉丝。实际上，网红店铺的运营模式大都相似：以时尚达人为形象代表，以红人的品位和眼光为主导，进行选款和视觉推广，在社交媒体上聚集人气，依托庞大的粉丝群体进行定向营销，从而将粉丝转化为购买力。简单来说，网红店铺的竞争力表现在选款能力强、时尚度高和市场反应快上，而且产品的测试成本较低，依靠网红自身的影响力，网红推荐的产品一般都是针对特定的消费者推出的，不会出现产品积压现象。同时，网红的产品推广成本也较低，相较于传统形式的产品推广，网红不依赖活动，粉丝的忠诚度也较高。

从供应链上看，淘宝店铺的常规模式一般为：选款——上新——平销——商业流量——折扣。而网红模式则为：出样衣拍美照——粉丝评论反馈——选取最受欢迎的款式打版投产——正式上架淘宝店。据了解，完成这整个流程只需要一星期左右。也就是说，粉丝从网红的推荐开始，一个星期后就可以穿上网红同款产品。据悉，有的网红店铺一次上新销量就上千万元，其表现比一些知名服装品牌有过之而无不及。

网红店铺主打亲民价格，提供个性化的产品，在价格上一般的粉丝都能够承受，这是保证产品销量的通常做法。毕竟，太昂贵的产品不是一些普通的消费者能够承受的，奢侈品虽然单件利润率高，但是销量上不去。而网红经济具有平民化特点，且个性化突出，所以受到热捧。

淘宝服装类产品一直排在销售量前三，亲民价格的服装类产品不仅销量大，而且利润高。淘宝负责人透露，服装零售的平均利润率超过45%。在淘宝店，销量最大的服装价格一般在100元至300元之间。比如“钱夫人”出售的服装其价格一般都在200元以内，颇符合大众的消费能力。对于网红的粉丝们来说，中意某款服装，最重要的是看到别人穿上这款服装是什么样子。而在“钱夫人”网店，大量的模特真人试穿照片，将服装款氏从不同角度展示了出来，用图片说话胜过任何华丽描述。这种红人模式的服装店铺已经成为主宰店铺销量的有力法宝了。

网红店铺个性化需求的定制产品符合年轻消费者的需求。小米手机就是个性化定制的典型代表，小米的饥饿定制一下子占据了手机市场的半壁江山。其消费群体主要集中在年轻一族。网红经济的目标消费群体就是追求个性的年轻一代，特别是90后。个性化、与众不同、够酷够炫是当代年轻人的向往。定制的好处在于，一方面满足了当下网民的个性需求，另一方面，定制一般都是先付钱后发货的。“钱夫人”有一款定制服装购买20天后才发货，这样不仅可以拥有充足的现金流，还可以通过按需定制减少产品库存量，加快资金流转。定制无疑具有多种营销优势，在未来的互联网O2O营销模式中，产品的小批量、定制化趋势将越来越明显。

网红店铺现在一般是团队运营，重视原创，目前，“钱夫人”已告别了之前单打独斗的局面，成立了一个50多人的运营团队。朱宸慧亲自担任网店模特。在“钱夫人”淘宝店，有大量的原创图片，而且几乎每上线一个产品，都有大量的朱宸慧真人照，朱宸慧已经开始重视自己的原创产权保护了，在商品描述中明确提示：请勿盗图。

缺乏供应链支持、团队管理不规范是网红店铺的短板，社会上也出现了“网红经济不可持续”、“网红会有自己的生命周期”的声音。对此，以设计见长的网红陈小颖说：“这些短板都是需要我们通过不断学习来弥补的，不过我认为，只要坚持把设计作为自己的核心竞争力，打造属于自己的品牌，我就可以一直红下去。”陈小颖于2014年开了淘宝女装店，店里的衣服都是她亲自设计的，并到世界各地拍摄自己设计的服装。她认为，在这个领域，设计是未来的核心竞争力：“我认为设计和品牌影响力是最重要的部分，这也是我们一直追求和坚持的信念。”

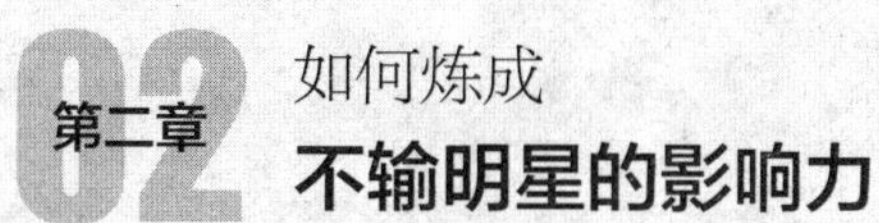

第二章 如何炼成不输明星的影响力

有的网红虽一夜爆红但却没有持续的优质内容输出，因此人们会很快将其遗忘，这谈不上什么影响力。网红的影响力来自其持续不断地输出优质内容，并通过内容吸引粉丝，通过社交行为产生黏性，从而形成个人影响力。多数的网红靠剑走偏锋出名，博人眼球容易，但持续博人眼球难，网红红了之后，应该思考如何快速升级形成自己的口碑与品牌，进而打造自己的核心竞争力。

争夺消费者注意力的眼球大战

著名的诺贝尔奖获得者赫伯特·西蒙在对当今经济发展趋势进行预测时指出："随着信息的发展，有价值的不是信息，而是注意力。"这种观点被IT业和管理界形象地描述为"注意力经济"。

在移动互联网时代，每天都会有海量的信息在PC、移动端传输，商家不禁也有些担忧：消费者要有多少双眼睛才能注意到我们呢？然而，顾客只有一双眼睛，只能关注有限的信息。那么，有没有什么办法可以使得我们的信息优先进入消费者的关注范围呢？

信息大爆炸时代，消费者似乎患上了"注意力缺失症"，谁能够吸引更多的注意力，谁就可能成为商战的赢家。

2016年4月23日，一则招聘启事在人才市场引起围观。重庆一地产公司拟招聘一名兼职，50万元的兼职酬劳令人咋舌。更不可思议的是，这么高的薪水，招聘方只有一个要求——95后美女。

这则广告就有很强的吸睛效应。现代营销离不开广告，广告效应的好坏，除了与被推广的产品质量有关，还与广告的创意有关。传统意义上的广告投放和推广，要综合考虑成本和要达到的推广效果，越是热门的媒介、合适的时段，投入的成本就越大。

这家房产公司的创意就是吸引眼球，那些花大价钱投放的广告，不一定在创意上更胜一筹，只是搭载在热门媒介上增加受众，属于“地毯式广告轰炸”，让人不看也得看；而一个有创意的广告，即使像小道消息一样流出，也会引发社会关注。“年薪50万元招聘兼职”的招聘广告，不但廉价，而且极具效果。

为什么说这是个廉价广告呢？因为人们会对这则广告内容产生好奇，招聘本身的内容不重要，重要的是人们急于想知道这究竟是哪家公司。虽然只知道这是一家在香港上市的公司，具体兼职职位招聘启事并没有透露，但这种如同“走光”却不“露点”的诱惑，更能激起人们追根刨底的好奇心。采用这种方法让人们想方设法地去了解一家公司，要比用地毯式广告轰炸的方式好很多。

这则广告是非常吸睛的。如果是一家大公司开出50万年薪也不至于让人诧异，但在广告中加入一个限制条件——95后美女，这就是一个吸引人们去关注的噱头。除此之外，广告还能成为舆论热点，这种效果花钱都不一定买得来。但这家在香港上市的企业打出这样的招聘广告，并未被人当作笑话。因为50万年薪对于一家在香港上市的企业来说，完全符合行情，其中的50万年薪，必须招聘到人才会兑现。因此任何人都不必担心打这样的广告会担负责任。当然，不排除这家公司确实想以50万元招聘一名95后美女。该公司负责人表示，这次高薪招兼职是真事，目的是为企业选形象代言人，代言人后期会参与该地产公司相关公益慈善活动、平面广告拍摄、足球宝贝助威等活动。

当然，故意炒作并不足取，通过误导获得关注来宣传自己，只会获得一时的成功。那些真正有底蕴和讲诚信的企业是不屑为之的。因为，一旦被人看穿是在故意炒作，反而会折损企业形象。

以前，消费者被动接受信息，产品只要装上扩音喇叭就会有数不清的订单。如今的信息时代，消费者完全被信息的海洋所淹没，各种各样的产品，各种各样的信息，令人目不暇接，如果你的“声音”平淡无奇，消费者就会将其忽略掉。也就是说，消费者以前是被动接收信息，而现在却掌握了信息流向的主动权。

注意力已成为稀缺资源。与产品信息竞争的，除了竞争对手的广告信息，还有各种娱乐节目、网络论坛、大众微博等，所有的行业都在争夺稀缺的注意力资源。而网红吸引消费者关注的方法主要有以下几种：

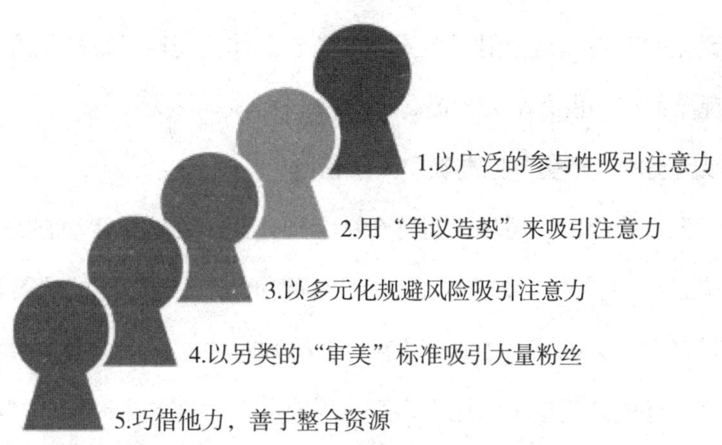

1.以广泛的参与性吸引注意力

在这个强调自我的时代，消费者不是被动娱乐，而是主动参与。网红充分满足了特定消费群体的需求变化。在与网红互动的过程中，每一个粉丝都可以通过社交平台支持网红。粉丝之间的微博、微信互动吸引了众多眼球。如此高的互动性与参与性，让网红真正成为万众喜爱的人物，赢得了瞬息万变的娱乐市场。

2.用“争议造势”来吸引注意力

年轻一族特别是90后，似乎对“暗箱操作”之类的字眼有与生俱来的敏感性，大小新闻对网红的看法一直是争论不休。不管这些争议是否客观，网红都在争议中赢得了人气。在百度的“网红吧”里，每个人可以对网红现象畅所欲言，这不正充分体现了人性化的特点吗？而这一点恰好符合注意力经济体现的人性关怀。

3.以多元化规避风险吸引注意力

视频网红、论坛网红、财经网红、时尚网红……众所周知，不同层次、不同年龄、不同性格的观众其风格也不相同。网红风格的多样化避免了众口难调的商业尴尬，风格各异的网红在注意力的争夺中格外引人注目。多元化的表现风格吸引了多元化的消费群体，规避了市场风险，使整个网红现象的市场占有率大大提高。

4.以另类的“审美”标准吸引大量粉丝

网红现象的产生，还与我们整个社会到处充斥的选美活动有关。成为明星向来是一些少男少女追求的人生目标。现在各种各样的选美热潮越来越多。对普通人而言，看久了T型台上的帅哥靓女，难免会产生审美疲劳，何况这样的选美似乎和绝大多数人没有关系。在这个时候，网红的登场无疑带来了一股别样的风潮。粉丝们可以与网红亲密互动，雅俗共赏，多了几分搞笑气氛的同时，也增强了网红的亲和力。正是这些搞怪滑稽的表演和互动，让人们发现原来生活比想象的更有戏剧性，于是他们更加积极关注网红。

5.巧借他力，善于整合资源

借助社交媒体平台，寻求粉丝们的合作，是网红成功实施商业运作的关键。网红背后的运作团队通过内容生产、网红培养包装，在自媒体等平台大造声势，进一步提高了人们对网红的关注度和注意力。他们通过注意力这一稀缺资源的整合，实现多赢，以致最后发展成为一个具有规模经济的网红产业链。

网红迅速走红的六大秘诀

从早期的“芙蓉姐姐”、“凤姐”，到后面的“小月月”、“犀利哥”，再到最近的“papi酱”，他们都是网络红人，他们为什么能成为网红？他们有哪些共同特点呢？

其实，网络红人与影视明星没有本质区别，二者都是通过占有稀缺资源来获取注意力，再通过注意力来换取利益。比如，外表够美，你就可以靠脸蛋吃饭，这就是颜值经济，比如，某些名人只靠偶尔走个秀，就可以维持热度。又比如韩红，人家就是实力唱将，许多人真心欣赏她的音乐。

这是个价值多元的时代，每个人都有其特定的价值取向及兴趣爱好。有的人平常看美女看多了，所以想看点丑的，于是那些长得丑的网红就占据了话题头条；看干净又精致的潮人多了，想看点又脏又糙的，于是“犀利哥”就突然红遍中国；传统老师道貌岸然中规中矩的形象看多了，所以反叛者罗永浩、诙谐者袁腾飞，一度也活跃在各种新闻中。这些网红，不一定很帅很美，也不见得专业，但他们就是能够走红，其背后的秘密，还是占据了稀缺的资源。鲜明而极端的价值表达，也恰好成了他们所拥有的最强大的资源。

那么网红走红的秘诀是什么呢？

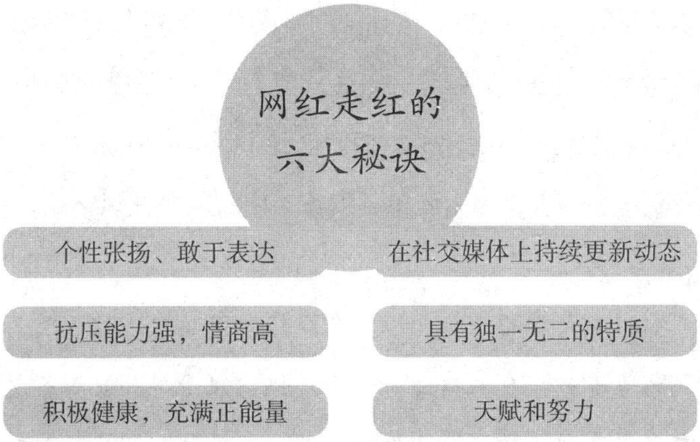

网红走红的
六大秘诀

个性张扬、敢于表达

在社交媒体上持续更新动态

抗压能力强，情商高

具有独一无二的特质

积极健康，充满正能量

天赋和努力

1.个性张扬、敢于表达

这是个个性张扬者表现自我的时代。人们希望从压抑已久的熟人社会中透透气，人们受自己无力、不敢表达的潜意识压迫，造成了人们对个性张扬者的必然崇拜。

“小鹌鹑”原是一名媒体记者，她写的稿件经常被各大网站转载，也算是“名声在外”。但这次，她在与工作无关的领域上火了。

“有能耐别给我派活儿啊……”2016年3月30日，“小鹌鹑”录了一段吐槽领导的美拍视频，播放量迅速达到14万，并收获了近5000个赞和数百条评论。原来，领导提出让她负责在部门警方类的视频栏目中担任主持人工作。“在开车回家的路上，我找了个没人的路边录了一段美拍。出乎我的意料，活了这么多年，第一次被这样关注。”“小鹌鹑”有些吃惊地说。“小鹌鹑”的同事说：“‘鹌鹑’长了一脸喜感，说话一嘴东北大楂子味儿，尝试拍搞笑视频，没准能蹚出一条路来。”就这样，“小鹌鹑”一出道就红了。

不知你们是否发现了，凡是在自媒体和互联网混得不错的人，必然个性张扬，敢于表达。有的时候，哪怕他们脸皮厚到无以复加的程度，但依然有人买账，而且他们也从厚脸皮的自恋式姿态里获得了更多的传播力。

张扬的人天生自带话题性和传播力。他们认为：越是敢于极端地表达观点，越会获得追随者，因为沉稳、缜密、中庸的气质风格缺乏传播力。

近日，贵州某大学的校长火了。在网传的视频中，该校长面对大批学生，语带讽刺地说："我不明白为何民众把空姐看得如此神圣。为什么中国空姐要有研究生学历？不就是推个车倒个水吗？""为什么天上倒水的就要比地上倒水的长得漂亮？"此外，他还称："美国航空公司的空姐几乎全是大妈！"这一视频迅速引发了网友热议。

2.在社交媒体上持续更新动态

在各大社交平台上不断更新自己的动态，每天都提供新话题，这是各领域网红不断保持新鲜感的常用手段。

在看似严肃正经的证券市场，也有一帮特立独行的大咖：他们举手投足间发表的关于股市的言论，第二天都有可能刷爆你的财经朋友圈。

当今A股界的第一网红非英大证券研究所所长、首席经济学家李大霄莫属。李大霄拥有自己的微博自媒体和微信公众号。他的微博吸引了200多万人关注，微博的更新频率也很快，几乎每天都有更新，而且不止一条。

这位知名经济学家也有自己搞怪娱乐的一面：经常在微博中发布各种自拍，按照他自己的话来说："经常遇到有趣的场景和有趣的人，自然而然就拍下来了，抒发个感情，宣泄个情怀。"在不少人眼中，他的这种颇具个性色彩的言行举动，是另类而出格的，但人家已经承认自己就是个"奇葩"，这不，这个金融界的"奇葩"，目前被估值10个亿。

分享才会带给粉丝比较强烈的感染力，才容易引发留言、评论。作为网红，任何时候都要会拍照，会分享，展现自己具有浓厚个人色彩的内容，然后推送到社交平台上，与粉丝进行互动。

3.抗压能力强，情商高

在网络上，什么样的人都有，什么污言秽语都有，面对网络上的恶语相加、攻击谩骂、冷嘲热讽、歪曲误解、媒体误读、不怀好意的网络骚扰，没有一颗大心脏是受不了的。网红的抗压能力一定要强，情商一定要高，否则你成不了网红，或者即使成了网红也不可能持久。

4.具有独一无二的特质

网红身上一定要有某项特质是非常突出的，具有强烈的辨识度。仅仅有颜值、身材不足以支撑网红，原因很简单，美女太多了，如果仅从外表的角度出发，没人敢自认是天下第一美女。因此，泛泛意义上的美女不具备独一无二的特质。

具有强烈辨识度的特质，一定是在某方面非常突出的，比如“咪蒙”的吐槽文字风格、“papi酱”的幽默犀利、“留几手”的带有浓厚乡村色彩的毒舌语言等，这些带着强烈个性化色彩的特质也是经过很长时间的历练而积累起来的。“留几手”形容眼袋为“猪尿泡”，人们完全没听说过，听起来很新鲜，所以有吸引力。他在微博上评论女孩子的长相，创造了“负分”、“滚粗”等流行语，这就是他的特点、他的专属符号。做网红就是要有专属于自己的符号。

5.积极健康，充满正能量

热爱生活，身上有正能量的人，才能得到更多人的认同。那些以容貌取胜的网红，一定要以正面形象出现。不知道郭美美算不算得上美女，她在网络上炫富，声称某某是她的干爹，配有玛莎拉蒂名车，过着衣来伸手饭来张口的“精致生活”。这不是积极健康的生活，是在传播负能量。

如果网红长得很矮小，他一定非常励志；如果活得很痛苦，他一定会苦中作乐。粉丝不会持久关注一个整天唉声叹气的人，一个充满激情和活力的人才能迅速感染别人。

6.天赋和努力

没有天赋是做不了网红的。比如天生的乐观开朗，天生就有镜头感；天生爱炫，爱表现自己；天生爱吃，能写出让人喜欢的美食鉴赏；天生爱美，对美容化妆有独到的见解。

此外，天赋背后的努力也必不可少。很多人只注意到网红风光的一面，但网红风光的背后往往是一波三折，其中的辛酸恐怕只有自己知道。做网红没有那么容易，在未红之前要耐得住寂寞，坐得了冷板凳。

吸引眼球不难，难的是将吸引持久化

观察2015年网红排行榜，不难发现网红最初是在微博上火起来的。但随着移动互联网的发展，微信、短视频平台和直播平台成了网红活跃的主要场所。唱吧、美拍、小咖秀、秒拍等视频社交平台的快速崛起，造就了一大批活跃网红，网红通过社交平台沉淀关系，在积累人气与粉丝的同时，也为这些网络平台创造了巨大流量。

随着智能手机的普及，人们的注意力逐渐集中在移动端。但信息大爆炸会分散人们的注意力，如何有效获取关注度是网红需要解决的问题。

网络社交的信息交换载体经历了从文字、声音、图片到短视频的转化过程，呈现出多种信息载体相互叠加的态势，使得信息的传递具备了感染力强、形式内容多样、互动性强、传播速度快且成本低廉的特点。不过，在降低门槛的同时，人们的注意力也在不断转移。当初凤姐、犀利哥等火热的时候，足够让人讨论好长一段时间。但在如今这个最不缺信息，注意力就是金钱的时代，消费者最容易“移情别恋”，这对网红来说是个考验。

大红大紫的网红还不多，而后面出来的网红此起彼伏。想吸引眼球不难，难的是将吸引持久化，社会上有太多昙花一现的网红，如果没有持续的内容跟进，粉丝很容易抛弃你转而将视线投向别的网红。多数的网红靠“剑走偏锋”出名，博人眼球容易，但持续博人眼球难，网红红了之后，应该思考如何快速升级形成自己的口碑与品牌，进而打造自己的核心竞争力。

一些人当看到一些著名网红被众多投资人追捧时，或许动了做网红之心。不过要成为一名真正的网红并不容易。一位美女网红说：“想做网红首先要全情投入，要有一定的才艺才能吸引网友。我一天大概要直播8小时，直播完了还要跟网友像朋友一样聊天，没有时间休闲娱乐，也没有时间谈恋爱。直播前还要花很长时间收集素材，如话题、音乐甚至准备一些笑话。”

在移动互联网时代，要想成为一名网红，就要有别人没有的绝活儿，有创意、有技术，还愿意努力工作，再加上一些运气，你就有可能成为让大家持久关注的网红。

Michelle Phan是YouTube上较火的美妆达人，也就是我们所说的网红，她是一名越南裔美国人，于1987年出生。

Michelle Phan从小就跟母亲在一起，非常喜欢看母亲给客人做美甲，自己也整天在脸上、指甲上涂涂抹抹。她没有按照母亲的意愿去读医学院，而是选择了在一所艺术学校读插画专业。在上大学的时候，她就表现出了很高的艺术天赋，蝙蝠侠、美人鱼、动漫人物、电子游戏里的人物，她都爱画。同学们都叫她“艺术女孩”。

2007年的时候，Michelle Phan看到兰蔻在招聘美容顾问，她觉得这个工作就是为自己量身定做的，因为她太喜欢美容了，如果能够在兰蔻这样的顶级化妆品公司工作，那对她来说简直是太完美了。不过兰蔻以她不懂美容又没有从业经验拒绝了她。

不过Michelle Phan并没有灰心，她将自己的化妆经验写在了博客上，2007年5月20日，因为要回答两个博客读者问到的化妆问题，Michelle Phan在YouTube上发布了7分钟的化妆入门教程视频，当时的录制工具是苹果电脑自带的摄像头。她回忆说："我以为除了那两个女孩，没有人会看了。"出乎意料的是，她的视频有4万点击量，订阅她视频的粉丝们希望从她的演示中学会如何做面膜，如何化妆以及各种护肤技巧。

于是Michelle Phan开始正式制作化妆视频教程，从简单的如何描眼线到复杂的如何画适合于各种场景的妆容，比如毕业典礼如何化妆，圣诞节可以画什么妆，生日party适合画什么妆，甚至画什么妆可以看起来像超级巨星。由于她的专业和敬业，Michelle Phan火了，成了网红。

2009年Michelle Phan推出了她"如何画出Lady Gaga的眼睛"化妆教程，给她首次带来了单个视频过百万的点击量，这个视频教程现在累计超过6400万人次观看。

2011年兰蔻的某个负责媒介的高管在谷歌上搜索兰蔻视频的时候发现了Michelle Phan的教程视频。在那段视频里，她在狭窄的飞机上教她的粉丝如何化妆。其专业的操作手法和敬业精神让该负责人为之震撼。他随即想办法联系到她，并且签下她作为品牌代言人。

2012年，Michelle Phan联合另外两个创始人成立了按月订购化妆品试用装的Ipsy网站。用户每个月在Ipsy上花10美元，就能收到一个按自己肤色、喜好、年龄等量身定做的化妆品试用礼包。目前，该网站的付费用户已经超过200万，每年的营业收入达3亿美元，年盈利超过1亿美元。2015

年，该网站融资1亿美元，网站的估值超过5亿美元。

Michelle Phan维持持久影响力的秘诀如下：

1. 对艺术的爱好和坚持
2. 专业化的解答
3. 借势名人，将绝活儿与明星捆绑在一起
4. 具有独特的才能
5. 适时推出新的内容产品以留住粉丝
6. 与其他能够互补的牛人合作

Michelle Phan的成名路径与我国的网红极为相似，其网红经济产业链也契合互联网经济特征。我国的网红也可以从中获得启示：

1.Michelle Phan能够成为网红，得益于她对艺术的爱好和坚持

对Phan来说，成功是偶然之中的必然。而我国现在的网红，一般得益于一时的火爆，缺乏持久红下去的专业技能的支撑，这注定不能长久。

2.网红经济的实现，离不开粉丝的力捧

Michelle Phan在介绍不同肤色的人如何选择适合的唇彩时，能够深入浅出地用绘画的色调原理解释各种搭配的合理性，这就叫专业化，有很强的说服力。

3.Michelle Phan的迅速蹿红与强力借势密不可分

Michelle Phan推出的“如何画出Lady Gaga的眼睛”化妆教程可谓高妙，撇开专业化程度不说，她的教程与Lady Gaga联系在一起，本就具有明星效应。其实国内网红可以学习这一招，就是当你做明星也好，当网红也

罢，如果你想要让自己的绝活被更多人知道，你就需要把这个绝活非常自然地和明星捆绑在一起，这是迅速成名的捷径。

4.独特的才是最美的

当初兰蔻签下Michelle Phan做代言的时候曾想让她把那些不符合兰蔻标准的内容删掉。但Michelle Phan坚持：“人们喜欢我是因为视频内容够真实，只有别人看到我经常使用这个产品，才会觉得这是个好产品。”最终兰蔻放弃了这一要求，而Michelle Phan代言的产品也大获成功。我国最成功的服装网红如雪梨、张大奕，向粉丝们推荐的服装款式、面料等，都是通过穿在自己身上凸显效果的方式来进行产品推广的，这种方式被证明是成功的。

5.为了避免被粉丝们遗忘，网红们需要适时推出新的内容产品

比如，Michelle Phan在2011年的时候就推出了自己编剧且导演的一部微电影，在电影中她自己担任女主角。与国内的网红一样，Michelle Phan每天都会抽出一部分时间来与粉丝们互动。

6.与牛人合作

如果单纯只靠广告收入，Michelle Phan一年也有几百万美元的收入，但是永远做不大。草根网红们要做大的唯一办法就是团队运作，要和其他能够互补的牛人合作。

网红之间的竞争非常激烈，网红为了维持自己红人的身份，不得不长时间投入其中。一位曾经的网红，因为有段时间旅游去了，回来后发现网友已经将她遗忘了，现在她不得不从最基层的主播干起。“我们这一行，虽然粉丝很多，但‘铁粉’很少，随时都可能被别的网红拉走。”一位网红说。

目前，网红的产业链已经渐成规模，其中涉及各类社交平台、网红经济公司、网红本身以及最终的电商变现平台，等等。培训机构针对一些年轻人想成为网红的心理，不失时机地推出网红培养计划，让大家觉得草根都可以成为网红。不过，网红不可批量复制，虽然人人都有机会成为网红，但最后真正能红起来的毕竟很少。

仅靠眼球效应网红经济难以走远

2016年，网红成为关键词之一，而且网红开始从娱乐化的网络现象走向经济学课堂。

国内新媒体大数据平台“清博大数据”发布的《网红时代的来临》报告显示，2015年12月，网红的关注度多次超过明星，这成为全网话题焦点。2016年，网红热度持续走高，网红传播和网红经济也被推到了风口之上。

2015年，就有论坛、投资机构、平面媒体讨论网红经济现象。目前，网红经济已经初具轮廓。对于这一新兴事物，各方面一直存在争论。有人认为是缺乏道德、浮躁的表现；有人认为是创新，有不小的价值可以挖掘；更有一些专业的研究机构写出了长达几十页的网红经济调研报告。从本质上来说，网红经济现象是互联网时代的产物，它具备网络经济的所有特征，其生存与发展也应该由市场来决定。

说浮躁也好，说有价值潜力也罢，首先是要红，而且还不能触碰政策底线；其次是要红得有价值。比如有人在化妆美容方面很有创意，在美容美妆上有很多经验可以分享，身边可以聚集很多粉丝，她所聚拢的这批粉丝可以成为她推广美容保健产品的消费者，她所生产的内容自然也具有极大的商业价值。

任何经济形态都是一种市场逻辑，且由其行业内部本身的属性和特征所决定。网红经济作为最新的经济形态，仅凭出位来博取眼球的做法是不可取的也是不可持续的。原因很简单，抛开政策层面的限制不说，商品到最后还是要落实到真正的商品价值上，即使“一脱成名”，如果不能提供粉丝真正需要的商品，那么这样的网红经济注定昙花一现。

互联网带来的创新同样也要符合基本的市场规律。未来的网红经济不只是美女网红的天下，像那些“驴脸”、“马脸”网红也一样有市场。也就是说，网红经济根本上是在释放互联网经济形态中的活力。你有才华，你在某方面有自己的创造力且受人追捧，这就是你的价值，你就可以对自己的价值进行经营，而仅靠颜值和浮夸注定不会成为持久受人追捧的网红。

从经济层面来解读网红的话，网红可以看作“个性化品牌”，而基于网红IP资源的品牌效应则为网红经济的入口。国家行政学院社会和文化教研部高级经济师郭全中认为：网红代表一种新的用户获取信息的入口，如果入口背后的用户越多、忠诚度越高，它的入口价值和传播价值就会越大，网红的商业价值也会越高。从广告的角度来看，一些企业主要是看中网红的传播价值，而一些投资者也主要看中了其背后的用户数量以及用户潜在的消费力。

以目前的状况来说，网红经济仍处于眼球经济的阶段，是初级的也是不成熟的。一些网红为了增加粉丝数量，利用不雅、粗俗的话语和行为来博眼球，这与社会风气和主流价值观有明显冲突，这当然会受到大部分人的抵制。由此造成的结果是：虽然资本早就开始关注网红，但由于粉丝的热情持续时间短、发展面临不确定性等各种因素，对其大规模投资也心存顾虑。这恰恰是由市场规律决定的，任何想运营成功的经济形态都必须过这一关。

网红的成长需要经历四个阶段：聚集沉淀优质用户、创新盈利模式、孵化高价值网红资源、整合行业资源与产业链嫁接。以网红的商业变现为例，网红可以通过自身的传播和影响力获得打赏、广告等收入，也可以通过经营网红店铺获利。一个成功的网红，需要通过优质内容聚集关注度，通过社交保持粉丝黏性，然后才能进一步将社交资产变现，而网红经济要达到产业化阶段仍有一段很长的路要走。

总体来说，现阶段构成网红经济的三个环节包括：基于数据的网红包装、基于社交的网红传播以及基于商业变现的产业链管理。而人格气质和个性化内容则是网红经济的内在驱动力。

网红的基础是规模庞大的粉丝群体，个性鲜明、持续稳定的优质内容是其获取和稳固粉丝的根本手段。红颜易老，胃口会变，唯有优质内容永远是稀缺品。

对于单一的网红而言，它的品牌属性能不能保持相对稳定，继而获得稳定回报还有待观察。网红的核心价值体现在用户的数量和用户的忠诚度上，如果做好了这两点，它的商业价值会越来越大。

网红经济要想驶入持续健康的发展轨道，最终实现产业化，还有很长的路要走。在这个过程中，依托个性鲜明、持续稳定的优质内容稳固消费者的数量以及保证消费者的忠诚度，这是网红经济发展的关键步骤。

最初，网红是内容创作的主体。他们之所以红，就是因为他们所创造的内容高度契合网民的兴趣爱好，从而才会获得原始粉丝积累。中国传媒大学传播学博士田园认为："网红向受众传播的不仅仅是简单的产品或者内容，也包含个性化的价值观、生活理念、消费方式以及人格魅力。"在内容传播日益多样化、分散化的情况下，人们习惯在价值观趋近的社群中寻找存在感和认同感，网红在每一个细分领域扮演了关键的意见领袖的角色。

“网红的成功来自于其内容生产的核心竞争力。”田园进一步解释，这种竞争力与专业性密不可分。“人们首先是对人和内容产生关注，进而关注内容中包含的商品元素，从而带来消费机会。”消费者的消费路径和习惯正在发生巨变，网红经济正从“物以类聚”走向“人以群分”，而其中内容是重要桥梁。

内容将成为营销的超级入口，品牌人格化和用户下沉是其重要特点。

有颜值，有创作力，懂得结合当下的热点和痛点进行多元素组合，这是papi酱排在网红影响力人物排行榜第二位（2015年《互联网周刊》）的关键因素。目前，网络空间出现的模仿papi酱的短视频并不算成功。可见，没有创新，只靠模仿是不行的。

有“女汪峰”之称的歌手贝贝，曾在“中国好声音”以一曲汪峰的成名作《存在》震撼了导师那英，那英评价贝贝：“你唱这首《存在》时，我完全忘了谁是汪峰。”邓紫棋的评价是：“贝贝唱这首《存在》实在是太震撼了！”而专业音乐人的评价是：“我们现在已经有了一个汪峰，不再需要第二个汪峰了。”

那些模仿秀艺人，尽管将当红明星模仿得惟妙惟肖，但他们最多只是明星的影子。如果没有自己的个性化内容，很难在行业中立住脚，更别说大红大紫了。

未来，很可能网红即明星、明星即网红。不论是颜值网红、事件网红还是其他类网红，分类方式只是表明了他们红的原因，而网红最终都将成为一个IP。网红IP的可持续性取决于其内容的多元价值和不可替代性。

“这个时代最为残酷的现实，已经不是谁给你一个确定的价值了，一切价值都将因为你和这个资源的共同舞蹈而产生。”著名投资人罗振宇说道。

微博运营的六大技巧

靠写微博而成为网络红人的不在少数。比如“作业本”、“留几手”、“ayawawa”等网红，就是靠微博成名的。

一提到写微博，很多人马上想到的是文字必须功底深厚，其实不然，在互联网上，拼的不是文字功底，像互联网上火爆的网络小说，大部分属于中学生水平。网络上拼的是内容，而内容背后是思想、经历和性格。

在微博这样的平台上，不需要长篇大论，只要你观点独到或内容犀利，就会受到追捧。比如微博上有名的“作业本”，就是以语言犀利，内容具有讽刺意味而俘获了大量粉丝；再比如靠微博成名的“留几手”，则是靠毒舌点评红遍网络。

最近在《互联网周刊》上推出的一份网红排行榜中，杨冰阳排在24位。早在2005年她就以一句“比我聪明的人没有我漂亮，比我漂亮的人没有我聪明”而走红网络。

说到杨冰阳大家可能不太熟悉，但说到“ayawawa”大家可能就知道了，拥有270万微博粉丝的她不仅有高颜值，还有着情感专家、9本畅销书作者以及两个淘宝店店主的头衔。她的经纪人洪震说：“在网红几经迭代的当下，像杨冰阳这样保持热度超过10年的红人已经很少了。”

粉丝之所以买账，是因为他们在网红的生活里找到了自己向往的生活，他们觉得这比明星更真实。打开红人淘，表情飞溅，你打我闹，下面是数百上千条的艾特、转发、评论、赞，网红和粉丝在日常生活和衣着品味之间自由穿梭，不亦乐乎。

“同道大叔”拥有780万微博粉丝，他的博文阅读量每篇都在10万以上，他的估值已经超过了2亿元人民币。

“同道大叔”每天的工作就是探讨星座话题，将每个星座对应的情感、事业、性格、命运等以漫画、吐槽等表现方式对接起来，一下子就吸引了众多女生的关注。

“同道大叔”实际并不老，他出生于1988年，是清华大学美术学院的毕业生，本名叫蔡跃栋。在大红大紫之前，他每天在微博上为粉丝画头像，以暖心大叔的形象出现在网友们面前。

以漫画的形式切入微博是当时非常流行的做法，而蔡跃栋恰恰是清华美院毕业的，画漫画是他所擅长的。蔡跃栋每天辛勤地为粉丝画着头像，吸引粉丝关注的进度也一直不温不火。

有一天，蔡跃栋在一个酒吧内听到三个女生在谈论星座的话题，她们在不停用星座的方式吐槽身边的男生。当时，蔡跃栋心念一闪：“能否以星座的话题吸引女生的关注？”他当场就发了一条天秤座的吐槽，微博底下出现了很多网友有趣的评论，粉丝的活跃度明显提高。受此启发，蔡跃栋从为粉丝画头像转为受众更广的恶搞明星海报，最后定位为调侃星座。

在段子、冷笑话火爆的移动互联网时代，“同道大叔”这种路子一下子就火了。随着他不断地精耕细作，他的知名度迅速攀升，吸引了一大批持续关注他动态的粉丝。

微博网红与粉丝分享的就是生活态度，微博是生产网红的主要平台。信息社交、双向关注、网红主导、无线开放……网红运用微博打造影响力，从而吸引粉丝，也是有讲究的。

下面我们来讨论一下网红运营微博的六大技巧：

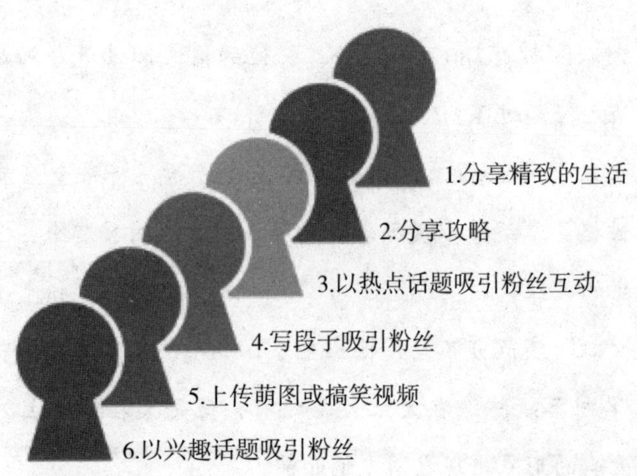

1.分享精致的生活

高品质的生活方式是当代年轻一族所向往的生活。理想的生活环境、健康的生活习惯、贵族式的生活享受，都能吸引消费者的关注。信息交流、互动、展示这些令人向往的精致生活是微博网红的第一秘诀。真实、亲切、接地气的生活化表达和展示，瞬间拉近与粉丝之间的距离，让互联网社交变成网红和粉丝之间的一种生活方式。

网红利用社交平台塑造自己，输出美好、乐观的自我形象，生活状态知性、诙谐或不羁，总有一款适合粉丝。

“粉丝会养成一个习惯，每天要刷我们的微博，他们喜欢我们的生活态度，喜欢我们生活中一些非常琐碎的事情。”网红赵大喜的摄影师丈夫坦言，“粉丝觉得这个比电影真实，他们羡慕我们，在我们的生活里他们能找到他们所向往的生活。”

从生活开始，打情感牌，一步步切入粉丝的欢乐氛围中，建立关系模式由此开启。

2.分享攻略

美容美妆、旅游、电脑游戏等细分领域的微博达人或者网红，高频率无私分享心得，是吸引定向粉丝的制胜秘诀。

能不能长久吸引粉丝注意力，其核心还是要看你分享的攻略是否有价值，是否是粉丝喜爱的。结合粉丝喜欢的内容，再与自己所擅长的相结合，一来贡献了自己的专业知识，多多少少能给粉丝们带来一些帮助，二来粉丝看到他们喜欢且有用的内容，就可能会欣赏你。

如果你分享的攻略恰恰使粉丝们以为：“怎么也没想到还可以这样。”那么，你的目的就达到了。

3.以热点话题吸引粉丝互动

经济热点、社会热点、时政热点、明星热点等，都会吸引部分粉丝关注，进而使粉丝加入讨论，发表自己的观点。如果你观点独到，分析精辟，让粉丝有醍醐灌顶的感觉，那么，你就有可能引起粉丝的关注。借助热点话题在自身社交圈再次发酵，与粉丝充分互动，有助于提升自身品牌的影响力，从而吸引粉丝加入。

4.写段子吸引粉丝

写段子是吸引粉丝的好方法。段子就好比舞台艺术中的相声、小品，内容和形式让人发笑。《世说新语》、《笑林广记》可视为古代的段子集。在微博、微信时代，段子的传播方便快捷且形式多样。可以是文字，也可以是图片或视频。一个吸引人的段子，一定要有新意，其结局可以既出乎意料，又在情理之中。

优秀段子手的吸金能力不容小视。

比如，“天才小熊猫”创作段子的广告收入已经超过了六位数。以下是他写的一个段子：

标题：千万不要用猫爪设置手机密码

正文：主人公在把玩一台指纹解锁手机时，使用了猫的指纹。当晚，他忘了给手机充电，于是第二天不得不抱着一只猫去公司上班。在经历了被地铁拒载、被出租车司机嘲笑、被同事围观等一系列挫折后，噩梦并没有结束，由于PPT文件存在手机里，开会时，他不得不在众目睽睽之下，再一次用猫爪来解锁。

这个段子很搞笑，而且段子里镶入了手机广告。最终，这个段子被转发了17万次，阅读量将近1亿人次。段子能点燃众多网友的热情，是网红们的一种造势利器。

5.上传萌图或搞笑视频

卖萌的图片或视频可迅速引起围观，这可以说是现在网红的看家本领。无疑，在移动互联网时代，信息的多样性和碎片化，为网红的脱颖而出创造了良好的机会，仅仅依靠一张可爱、搞笑的图片，就能引起众多网友的关注；一个辛辣嘲讽的短视频就会引起众多网友的共鸣；甚至是一句让人哭笑不得的话就可以成为点燃社交网络的导火线。要想迅速集聚粉丝，并让放松、娱乐的图片或视频引起网友的共鸣，就要重视这一技巧的运用。

6.以兴趣话题吸引粉丝

兴趣话题是扩大网红影响力的主要入口。聪明的网红会吸引人们主动分析和传播自己所释放的兴趣话题，持续建立某个领域的兴趣话题，这个领域的相关用户便会蜂拥而来。相比那些通过加关注求转发的细分行动，这是一种更高段位的微博吸粉技巧。建立在品牌定位基础之上的创意性话题，可以扩大网红的互动范围，吸引人们主动关注和传播。

网红吸引粉丝维持黏性四大方法

的确，现在的很多网红非常火，比如朱宸慧、张大奕、李大胷等。可是粉丝总有审美疲劳的时候。总有一天，人们会对尖酸刻薄的段子、卖萌搞笑的视频不再感冒，对“同道大叔”独特的星座解读方式不再着迷，如何留住粉丝，如何维持粉丝黏性就成了网红所要解决的主要问题。

面对这一困境，大部分网红的做法是拼命生产更优质的内容，投入更多的时间和精力来写更好的段子、拍更搞笑的视频。这一做法对延长网红生命周期确实有一定帮助，但不能从根本上解决问题。原因很简单，因为粉丝对网红产生审美或审丑疲劳，并不是因为网红的颜值下降了或者是某个形象更丑了，而是粉丝们已经适应了他们的美或者丑。

心理学研究发现，任何的外部刺激都会在一个阶段过后失效。金钱刺激、感官刺激、恐惧刺激等，一定时间过后人们都会适应，会认为：“原来也就这么回事儿。”

比如彩票中大奖，大部分人中500万后，兴奋感也维持不了多长时间，这跟富豪李嘉诚今天赚了一个亿也不会兴奋得跳起来是一个道理。

总之，试图依靠外部刺激来长久黏住粉丝不是最有效的方法。一切的外部刺激最终都会被适应。目前，网红制胜的武器是新奇、好玩，这种新鲜劲儿一过，粉丝们就会感到无聊了。

既然外部刺激会被粉丝逐渐适应，那么解决方案就要从刺激适应本身出发。对此，我们有4种维持粉丝黏性的方法：

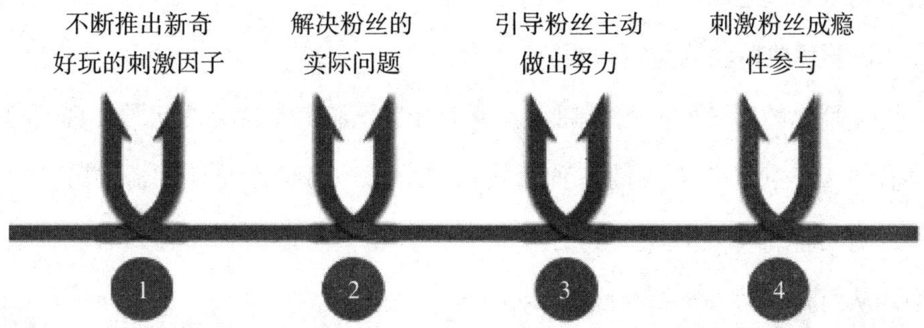

1.不断推出新奇好玩的刺激因子

在这个多变的时代，人们很容易见异思迁。毕竟“死忠”的粉丝是少数，在大多数情况下，如果你不能持续为粉丝提供刺激，他就会转而去拥抱其他的网红。对此，网红就要想方设法为粉丝提供不同的刺激。

比如，长期在家里吃饭，无论饭菜多么丰盛，我们好像都没有多大胃口，然而突然去外面搞一次野炊，哪怕就是简单地烤一点土豆片，我们也可能会吃得津津有味。偶尔去野炊一次就是新的刺激。同样的道理，网红也经常用这样的方法来维持粉丝黏性。比如网红“罗辑思维”卖月饼、甲方闭嘴等，几乎每月都有新玩法。此外，罗辑思维还不断通过各种跨界合作，让用户体验到新意。再比如，笔者认识一个卖化妆品的网红，聚集了很多粉丝，后来她做了美容顾问，再后来又做了培训讲师，这些做法让粉丝们感觉到在她身上总会有下一个不一样的惊喜，从而增强了粉丝黏性。

只要你肯下功夫想办法，总会找到新的刺激点。比如，段子手可以发发搞笑视频；视频直播主持人可将视频搬上大银幕；随着新技术出现，将视频转制成3D也可以让粉丝感到惊奇。

总之，千篇一律的表演方式和风格，一定不能长久抓住粉丝的心，解决的办法就是在原有风格的基础上加以变化。毕竟，粉丝们最希望看到的是新的改变，那些他们早就熟悉的旧事物，有了新的改变，才能重新激起粉丝的浓厚兴趣。

2.要解决粉丝的实际问题

不管你的招式如何花样翻新，也会有粉丝们审美疲劳的问题出现，迟早有一天，粉丝们对你的各种招式都习惯了。而且你花样翻新的跨度太大，有可能部分粉丝会觉得你变了一个人，不是他们想要看到的那种类型，从而弃你而去。那么该怎么办呢?

为粉丝们解决他们希望解决的问题，这可以说是维持粉丝黏性的终极法宝。粉丝有可能会对外部刺激产生审美疲劳，但对于能解决他们实际问题的内容永远不会疲劳。也就是说，你所提供的解决问题的方法，本身就很有价值，这是单纯的感官刺激所不能达到的效果。

打个比方，现在电商的O2O模式很火，用户线上下单，在线下实体店体验，线上线下对接。外部刺激就相当于线下体验，比如商品摸起来爽、看起来顺眼等，有可能刺激用户下单购买。但如果用户是想要一个可穿戴的智能设备来提醒他该如何适应气候的变化，想知道咖啡色的休闲服该配什么款式或颜色的裤子等，此时“摸起来爽”、“看起来顺眼”的感官刺激就不能彻底解决用户的问题了。同样的道理，网红的最大价值就是能够帮助用户完成生活中本来就需要被完成的任务。

在小米的发布会上，米粉们想知道的是到底从专业的角度看怎么样，而这个需求即使没有网红推介也会存在；当我们在车展上看到一部高档汽车，只看车模搔首弄姿而不去关注汽车的配置和性能的人多半不会去购买该车，而要买这辆汽车的人一定是被车的某种配置和性能所吸引。对于一个网红来说，不仅要为粉丝提供感官体验，还要为他们提供解决问题的办法。比如，你读段子手的文章，并不是为了读文章中那些大胆、新潮的言论，而是为了具体解决生活中的问题。

网红如果想持久地红下去，依靠单纯的感官刺激是不够的，还要有为用户解决问题的实际方案。也就是说，依靠文章的宣泄感、视频的搞笑娱乐、露胸露大腿的视觉冲击只能暂时吸引眼球，而帮助用户解决他本来就需要解决的问题才是延长网红生命周期的法宝。

3.引导粉丝主动做出努力

网红依靠自身的影响力，引导粉丝做出努力，而且粉丝通过努力后发现，原来努力过后的好处这么多，比如通过努力实现了自己的某个目标，其对这样的网红的信赖感和忠诚度是单纯依靠感官刺激而走红网络的网红所不能比拟的。

颜值、金钱、美食和愉悦感等外部刺激都是短暂性的。当一个人主动为某件事情付出努力并得到积极反馈的时候，他不仅不会产生所谓的审美疲劳，还会长时间继续做这件事。所以，网红会花大量的时间与粉丝互动，其实就是为了留住粉丝。

当然，与粉丝互动时在话题的选择上也很有讲究。通过我的研究，粉丝们最兴奋的事情莫过于将自己努力后的心得体会与网红进行探讨。这个技巧简单来说就是让用户积极参与。比如大量网红做过优选用户评论上头条、让用户帮忙提供选题、让粉丝组织学习体会等，为粉丝提供了大量亲自参与的机会。

网红有了一定量的粉丝积累后，最好要引导用户主动做出努力，让用户有努力后的成就感以及能得到网红及时反馈的愉悦感。

4.刺激粉丝成瘾性参与

让粉丝上瘾是网红维持粉丝黏性的最高级手段。上瘾是什么概念？看过电视连续剧《霍元甲》没有？一代武学宗师、大侠霍元甲被人陷害，不幸染上鸦片瘾，以霍元甲的意志力，照讲不难戒除毒瘾，然而事实是霍元甲被强行捆绑住，通过“暴力”限制其行动自由的方式才戒除了毒瘾。

当然，刺激粉丝成瘾没有这么夸张，但原理是一样的：粉丝如果不去关注网红，不去和网红互动，就会有巨大的空虚感和失落感，只要达到这样的效果，我们就说该粉丝已经上瘾了。

有了网瘾一天不上网就不舒服，有了烟瘾一天不抽烟就难受，有了酒瘾一顿不喝酒就会抓狂。如果粉丝对网红上瘾，就会出现一天不看网红的动态心里就空落落的。

那么，网红们具体应该怎么做呢？

知道现在的游戏行业是多么火爆吗？有相当一部分游戏迷在玩游戏时，不吃不喝不睡，一玩就是几个小时甚至几十个小时。游戏开发商的首要工作就是让玩游戏的人着迷，网红黏住粉丝的原理也类似，即让粉丝着迷。具体的做法就是粉丝的行动＋概率性回报＋回报累积。

比如经典游戏《生死狙击》：

行动：快速枪击敌人并保护好自己；

概率性回报：有可能“牺牲”，也有可能“击毙”敌人上百而自己毫发无损，从而增加游戏经验值；

回报累积：从最初的一级新兵一级级上升，级数越高获得的勋章越多，每一级对应相应的装备，级数更高的，其装备更精良。

同样，网红也可以采取类似的方式，让粉丝产生类似的行为。

案例：影视明星向网红转型

网红在成名的路上，不一定非要单打独斗不可。随着资本的介入，越来越多的商业触角开始伸向网红。作为意见领袖，网红只需要在前端维持好与粉丝的互动，有效吸引和黏住粉丝，其身后的运作团队会为他们提供包括供应链支持等一系列服务。

网红经济的持续火爆也吸引了影视明星的加入。童唯佳原来是一位影视演员，在过去的10年里，她参演了数十部影视作品，在圈内小有名气。最近，她开始在如何成为顶级网红的方向上发力了。

毫无疑问，演员的身份对童唯佳成为网红有很大的帮助。影视明星和网红达人的塑造方式是不一样的。比如童唯佳作为影视演员，在拍影视剧的时候经常蓬头垢面混迹在男人堆里，但当网红时，她不得不时时刻刻保持精致的妆容。同样是面对摄像镜头，作为演员的童唯佳不会在意镜头前的自己美不美，但作为网红，一个小细节有瑕疵甚至就会全部推倒重来。“一个刮风的天气，自己在草地上拍了一组照片，后来发现整个脸看起来很沮丧，于是我把所有照片都重新修理了一遍。”童唯佳说道。

最初的时候，有相当一部分网红非常介意别人称他们为网红，但随着网红话题越来越火爆，现在大多数网红似乎不介意人们以“网红”称呼他们。童唯佳就经历了从不愿被别人称为网红到以自己的网红身份为傲的心理转变。

童唯佳目前为止还算不上大网红，她的粉丝数量也只有5位数，与“papi酱”等红得发紫的网红相比，她的粉丝数量规模远远不够。不过，她说她拥有的粉丝都是“活粉”，粉丝的转化率很高。

童唯佳采用了时下网红流行的互动手法：在微博上发出能引起话题讨论的内容，而内容里嵌入了一套引入商业变现的巧妙手段。

比如，她发了一条微博：还没减肥就到夏天了，再配上一张哭脸。按她微博上的内容理解，这应该是一个对自己身材不满意的女孩的抱怨。而事实上，照片中的她穿着紧身T恤，一条紧身热裤将她修长的美腿恰到好处地展示了出来。很多粉丝纷纷评价道：“佳佳不胖，不用减肥啊”、“裤子很好看，在哪里买的，我也要买一条这样的裤子”。

网红的基本技能就是“显摆”技巧，显摆是有目的的，背后大都有着隐藏式广告，网红的微博很多时候“矛盾”，粉丝们关心的不是你胖不胖，而是这身衣服好不好看。这就和粉丝的实际需求对接起来了：“原来这身衣服穿起来这么好看，我也要有一套。”这样，网红商业变现的目的就达到了。

时尚类网红的粉丝群体大多是90后，这一群体更愿意为互联网内容付费。事实上，网红穿过的衣服，去过的地方，喜欢喝什么品牌的咖啡，平时都用什么牌子的化妆品等，都容易被粉丝效仿。

很多人只看到网红光鲜的一面，却不了解网红背后的付出。比如网红雪梨，目前在新浪微博上拥有170多万粉丝，年收入上亿，其微博中转发的推广信息，每条最少1万元，高的可达到每条10万元。

其实，在网红光鲜的背后，是网红艰辛的工作。

某杂志在给雪梨拍摄照片时，第一次因为雪梨状态不好，中途放弃拍摄；第二次拍摄时，身边的工作人员都说不错，然而雪梨却对拍摄背景不满意；第三次重新选择场景，拍了3个小时，可她依然感觉不满意。直到所有人都认为从表情到服装搭配都很完美，她才认为可以上传。她的要求异常严苛，因为她是靠光鲜的形象来经营淘宝服装的。“任何一个细节都马虎不得。”雪梨说道。

大多数网红不愿意接受媒体的采访，原因之一可能是不希望媒体报道他们背后艰辛的一面。因为大部分网红是靠展示光鲜的一面来吸引粉丝的关注。

每个网红几乎都是包装高手。笔者认识一个网红，她晒出来的照片要比她本人年轻10岁，化妆技巧加上ps技巧，包装出了一个光鲜亮丽的网红。对绝大多数人来说，想成为网红的愿望可以理解，但要真正成为粉丝们心目中的偶像并不容易。

童唯佳于2014年开了一家淘宝服装店。店铺刚起步的时候，她一个人要承担服装模特、样衣选款设计等工作。她的店铺照片展示每10至15天就得更换一次，为了选择一个合适的拍照环境，他们经常被驱赶。“记得有一次我们选择了一家环境较好的咖啡厅，可当我们点好咖啡换好服装准备拍照时，却被服务员粗暴地扫地出门了。”随后他们又来到一家大商场，想借商场背景拍照，又招来了保安的驱逐。最后，他们不得不来到专门的摄影工作室，虽然可以随心所欲地拍照，但当他们赶到那里的时候，已经有30多个商家在那里排队等候拍照了。“别看照片上的网红都那么光鲜，在照片还没出来之前，只有嘈杂和混乱。”童唯佳感叹道。

许多的网红选择了与网红孵化器公司合作，而童唯佳则选择了单打独斗，她的服装店运营思路如下图，她笑称自己是没日没夜的工作狂，白天东奔西走拍完照片，晚上还要选择照片并修剪照片，“经常通宵达旦地工作，很少有休闲的时间。”童唯佳如实地说道。

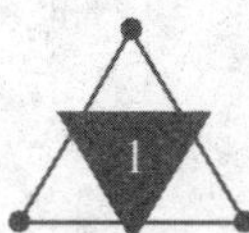

参考对象：杂志、明星

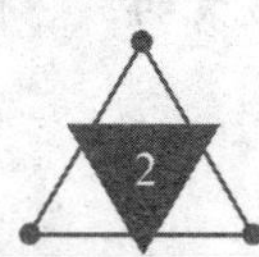

买手代言：引发粉丝模仿

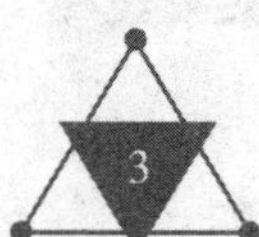

关键价值：让别人无条件支持

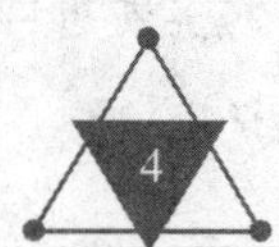

产品营销：生产潮流感热销服装

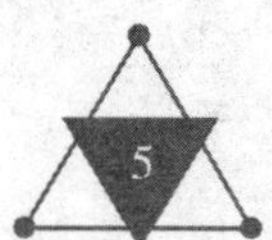

商业模式：创建自己的服装品牌

将网红的明星效应发挥到极致

近年来，互联网经济持续火爆，共享经济、粉丝经济、社群经济、网红经济，你方唱罢我登场，显得好不热闹。尤其是网红经济，几乎在一夜之间成了家喻户晓的话题。现在玩互联网经济的，如果不懂网红经济，都不好意思出来打招呼。

网红经济市场前景广阔。与其说是网红的崛起，还不如说是网红受众力量的崛起。粉丝追捧网红，从侧面预示着用户主权时代的到来。

网红的明星效应，背后是移动互联网技术环境的极大丰富，随着新媒体工具的迅速发展，普通用户可以方便地在社交媒体上发布信息。就像“留几手”一夜成名，说穿了就是有些粉丝早就想吐槽了，可惜找不到那个发泄口，正好撞上毒舌点评，然后就充分释放压抑已久的情绪。

在充斥着海量信息的自媒体时代，很多人认知迷茫，然而意见领袖却能一呼百应，成为引领潮流的一群人。我们经常听到这样一个观点：网红自带流量属性，意思就是价值观相近的人，很容易聚集在一起，网红作为意见领袖，成了这群人的代表，并代表群体发声，这就是网红的社群力量。

很多人对网红有一种误解，认为网红等价于颜值，其实，除了颜值类网红，还有情绪发泄类网红、达人类网红、领袖类网红、虚拟IP网红等。很显然，不同类型的网红，其代表的群体有着不同的价值取向。

颜值类网红和情绪发泄类网红，其特点是时效性强，但可替代性也很强。如果背后有优秀团队运作，不断拓展其特长边界，就有可能会红得久一些；而达人类网红因为能持续提供解决问题的方案，所以其网红生涯较长，医生网红、投资理财网红都属于此类。

不可否认，许多网红昙花一现，迅速崛起之后又迅速陨落。究其原因，一方面是自我定位不清，没能贯彻原有价值观，以至于内部粉丝纷纷离去；另一方面由于实力不济，只能提供短暂的新鲜感而被别的网红替代。

我们发现，生命力极强的网红，首先其本身就具有成为网红的巨大潜力，其后借助于丰富的自媒体工具脱颖而出，紧接着被星探工厂发现，通过培养和推广，最后一鸣惊人。所以，网红的成名之路，大体上就是：先自我赋能，然后借船出海，最后登上巅峰。

那么如何将网红的明星效应发挥到极致呢？

1.选准粉丝群体

想成为网红，首先就要问自己一个问题：哪些人会追捧自己，帮助自己成为网红？这与产品的市场定位是一个道理，即市面上哪些用户是主流消费群体，他们的哪些需求还没有被充分满足，该用户群体最期待的产品特征是什么。选准粉丝群体，有针对性地打造个人品牌影响力，是成功的关键。

比如，拥有580万微博粉丝的“同道大叔”，他定位的粉丝群体就是喜欢讨论星座的年轻人。在此之前，他也经过多次尝试，刚开始时，“同道大叔”免费为粉丝画定制漫画，这么做没法引来大量粉丝，毕竟一幅漫画只能感动一个粉丝，而其他粉丝只是充当看客，他们感觉一年也轮不到自己，自然失去了关注微博的热情，于是一个月后就没画了。

为了找到更适合自己的定位，“同道大叔”不断地尝试，终于在一次偶然的机会中发现了属于自己的定位，并且详细规划了计划方案，成功将自己塑造成了微博星座专业户。

2.生产独特内容

围绕着粉丝群体，先确定自己的超级标签，再将这个标签内容化，其表现形式可以是图片、文字、活动等。内容产品制作出来之后，要在社交平台上快速试错，直到超越粉丝预期为止。

还是以“同道大叔”为例。一次偶然的机会，同道大叔在微博上发布了一条“十二星座为什么会失眠”的微博，这条微博当晚就被转发了4万多次，此后就一发不可收拾，“同道大叔”开始以吐槽的方式调侃星座，让大批年轻人在看后纷纷对号入座。因为每个人都可以找到自己的星座，所以他的每篇博文都会被大量转发。现在的“同道大叔”，几乎成了十二星座的代名词。

3.微博热点借势

恶搞明星、炒明星绯闻、借特点小题大做等，都可以看作网红借势的手段。比如，国外有一个男网友，经常将自己的照片PS进大牌明星的图片里，那些搞笑的动作再配以恶俗的文字介绍，让看到他微博的人都忍俊不禁。

在这个时代里，一些人恶搞明星、给名人画漫画、窥探名人隐私，也可以满足人们对恶趣味的需求，并能迅速引起人们的关注。应该说，年轻人喜欢看恶搞剧，并不表示他们不热爱“高大上”，他们所需要的，不过是恶搞带来的娱乐效果罢了。

4.流行语也得娴熟运用

网红要想保持影响力，就要经常与粉丝保持互动。因为网红的粉丝群体大都是年轻人，年轻人的显著特点就是追求新奇。他们最害怕的事情之一就是被别人评价为“out”了。比如，“我只想做一个安静的美男子”就曾经风靡网络世界；还有“不用多久，我就会加薪升职、当上总经理、出任CEO、迎娶白富美、走上人生巅峰，想想还有些小激动”就出自受年轻人热捧的网络剧《万万没想到》。

时下的年轻人，对最流行的网络用语情有独钟。如果你在与粉丝互动中总是讲一些原则、宗旨、理念之类的大道理，他们不会买账。官话、套话以及永远正确的废话更为他们所深恶痛绝。采用恰当的方式、合适语言跟粉丝互动，是网红的基本功。

除此之外，作为网红，要有灵活运用冷幽默词汇的能力，因为网络流行语具有生动风趣、新鲜活泼等特点。网红灵活运用流行词汇，不仅能够活跃互动的氛围，还能激发粉丝的参与热情。

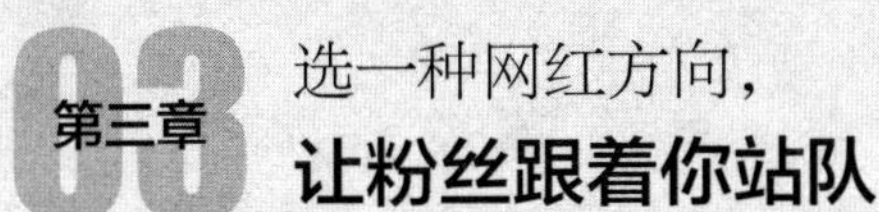

第三章 选一种网红方向，让粉丝跟着你站队

在互联网的虚拟世界里，每个人都是平等的，无论现实生活中拥有怎样的地位和光环，在网络上你就是一个普通的网民。要想从众多的网民中脱颖而出，就要有自己独特的东西。不论是“留几手”、“咪蒙”唤起的宣泄感，还是“罗辑思维”60秒语音带来的娱乐感，最根本的还是要唤起不同的用户心理。

选择契合粉丝情感的表达方式

网红之所以能成为网红，是因为他们都有着自己独特的定位和明确的粉丝受众。粉丝们追捧网红，正是因为他们契合了粉丝的情感表达，同时，网红的生活方式和习惯也是粉丝们所向往的。

人们通常会认为美貌是网红的准入门槛，但网红张大奕却不以为然。她觉得美貌只是加分项、润滑剂，但是将长相和店铺销量画上等号，则她不认同。在她看来，自然而不做作所带来的粉丝黏性比美貌要牢靠得多。因此，张大奕不说粉丝爱听的话，该吵架、该落泪时，都让真情流露。

张大奕的淘宝店铺叫“吾喜欢的衣橱”，她的昵称叫“大姨妈”，这个称呼是不是很接地气？她的店铺链接微博简介为：不缺钱，不缺德，以分享为准绳赚钱为目的，上新前会刷屏的小小私服缔造者，不接受任何关于错别字的批评……

谦和不做作，大方承认目的就是赚钱，这一下就拉近了与粉丝间的距离。张大奕在开店伊始，会在微博上问粉丝，背带裙的带子是粗条好还是细条好？一条连衣裙是紧身好还是松一点好？根据粉丝的反馈及时获得粉丝的口味偏好、对价格的接受程度，从而更精确地推出产品。

张大奕不管是对产品发表个人看法，还是与粉丝聊家常，都在培养和粉丝之间的感情，增强粉丝黏性。最关键的是让粉丝有强烈的参与感。目前，张大奕拥有400多万粉丝，但她认为，她不善言谈，因为不够圆滑而富有争议，有簇拥的粉丝，也有看不惯的黑粉，甚至有时还会和粉丝吵架。但这不妨碍她和粉丝们互动，张大奕曾说过："每个网红都是用性格去面对粉丝。"张大奕的成功，正是构建在与粉丝平等对话的基础之上的，不高高在上，也不去刻意讨好粉丝，这种真实的感情流露，让张大奕俘获了一大批忠实的粉丝。

许多人对粉丝狂热地追捧网红这种行为很不理解，其实从客观上来说，90后更了解互联网时代的用户喜好。因为90后最显著的特点是不喜欢千篇一律的东西，不喜欢盲从地追随别人的脚步。他们喜欢轻松、好玩、无厘头的东西，也喜欢无节操地搞笑。

对所有的网红而言，他们走的都是贴近粉丝的路线。例如以下网红：

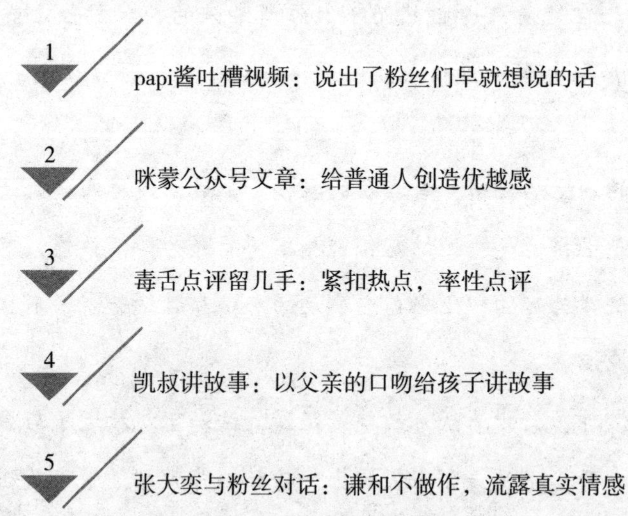

有个名叫沈曼的女孩，出生于1992年，之前是一名护士，现在是YY音乐的当红女主播。她的父亲有时也会出现在直播过程中。每次当她爸爸出现的时候，沈曼都会问看她直播的粉丝："你们叫我爸什么？"屏幕上会出现一排"岳父"字样。随后屏幕迅速被豪车和成堆的礼物塞满。

恐怕有些人看到这一幕会感觉不可思议，有些人总是说："年轻人的世界看不懂。"其实年轻人叛逆、彰显存在、特立独行，特别是在移动互联网时代，他们的独特可以通过自媒体展现出来。因为网红或可爱或搞笑，网红和粉丝一起来分享"恶趣味"，一起互动，这就是大部分粉丝想要的感觉。再高深的东西，只有好玩，大家才会乐于分享。

23岁的慧雪刚大学毕业，此前曾在游戏公司兼职当过主播，目前已经拥有80万微博粉丝。"健身的我经常得到别人的夸赞和关注，于是我就在微博上分享了我的健身心得，后来也通过视频分享了一些经验，让粉丝学着做。不经意间我就有了大量粉丝。我热爱健身，分享的是自己的真实生活，可能粉丝觉得我很正能量，所以才关注我吧。"慧雪说道。

"伏牛堂"的当家人张天一也算是一名网红，他毕业于北京大学，毕业后，他没有选择去大公司上班，而是选择了自主创业，在北京开了一家牛肉米粉店，不少人将张天一的成功归结于他的接地气。的确，一个北大毕业的90后去开米粉店，别说没品尝过，光是听听就已经觉得很酷了，因此，很多人会想：北大毕业生可是天之骄子啊，怎么也干上了连没读过书的人也能干的行当？这不是"自降身价"吗？

没错，自降身价的举措就是为了接地气。思维再高大上，也要消费者买账才行。这就不难理解为什么柳传志会去种水果、丁磊要去养猪、刘强东要去种植宿迁大米……这些整天谈论互联网思维、云计算、大数据的业界大佬，却做起了“农业家”，让一些外行人摸不着头脑。其实，他们清楚，思维可以高大上，但任何商业形式，都要接地气。而他们做这些与农业息息相关的投资，看似很土气，却也是最接地气的生意。

这个时代，谈论思维的人越来越多，安分守己地将本职工作做好的人越来越少。要记住，只有那些真正接地气的思维，才能真正地吸引和留住粉丝。如果你瞧不起农民、瞧不起乡村教师、瞧不起不如自己的人，那么你只能默默地做一个不食人间烟火、让人不愿靠近的人。

让粉丝在网红身上找到所向往的生活的影子

中国的年轻一代，都有极强的偶像情结，偶像的一举一动、一颦一笑都能迅速抓紧粉丝的心。网红经济，从本质上来说，售卖的是偶像的生活方式。

粉丝追随网红，其实是喜欢网红的生活态度，甚至是极其细微的生活琐事。这个世界上永远都是一些人追随另一些人，网红引领制造标签，粉丝在其身后，付钱购买标准化生产的偶像光环，简单、高效、快速。

网红“术凤”卖给粉丝的，是被风景、诗歌包装好的服装。3年前她在微博分享了旅行和服装搭配的照片，积累了近40万粉丝。她的淘宝服装网店每两个月上一次新品，每个新品照片都是她在旅途中拍的，背景有威尼斯水城、埃菲尔铁塔、地中海风景等。除此之外，她还会为自己的照片配上一些诗歌，如诗如画，高度契合了粉丝追求浪漫的情怀。

其实，生活中的术凤比较内向，喜欢音乐，喜欢看书。生活中的她不如照片里那么洒脱，甚至在面对面的交流中还有些害羞。她的粉丝大多比较冷静，她的微博上，粉丝的评论不多，都是默默点赞，随后是默默地购买她推送的服装。她设计的单品每件售价在200~600元之间，成本不及售价的一半，她坦言每个月可以收入几十万元。

我们从她所发微博的内容来分析粉丝追随她的理由：

努力奋斗，不走寻常路。早年留学英国，经济学硕士、电视台主播，靠自己的奋斗闯出了一片天地；保持靓丽的身材，虽然经常声称自己是吃货，告诉粉丝们自己又胖了，但其实体重只有100斤；活泼开朗，温馨亲切。她在与粉丝互动的时候，经常调侃丈夫的穿着、发型，说话也很逗。在活泼轻松的互动中，粉丝会愿意主动接近她。

目前在服装行业比较活跃的网红大多聚集在上海，国际化大都市、淑女名媛精致化的生活方式，是吸引年轻女网红的理想场所，而且江浙沪有着比较发达和完善的家族小生产制造业，物流和快递系统也较为便捷。

网红陈小颖，是典型的江浙富二代，家里有一个家族服装厂，有现成的机器、厂房设备和工人。我们都知道，前些年江浙一带的一些小型服装加工厂，靠给国外大牌服饰做贴牌生产，赚取加工费，积攒了数目可观的财富。然而近些年来随着人力成本和土地成本的增加，家族式的小型服装加工厂利润越来越薄，没有自己独立品牌的小型服装加工厂越来越难做。在陈小颖看来，拥有自己的品牌，打响品牌的知名度，是服装行业获得长足发展的必由之路。而陈小颖的网红身份，无疑会给家里的生意带来极大帮助。

立志做中国独立品牌的陈小颖，并不满足于将产品推送给国内消费者，她将目光投向了海外，并计划在巴黎开实体店。通过考察巴黎环境，她得出的结论是：巴黎不仅是世界时尚服饰的中心，而且在那儿开实体店的成本并不比国内高，甚至更低。陈小颖这么做的目的，一方面是为了吸引去巴黎旅游的国内消费者，另一方面是为了塑造自己的产品形象。

红颜易老，而良好的品牌形象却能持续。任何产品，如果没有自己的品牌，不能从品牌溢价中获利，终究是做不长的。目光长远的网红，希望消费者认可的是品牌，即使以后自己不是网红了，也有消费者买自己的产品。

网红无论是靠脸吃饭还是靠内容获胜，最终要拼的还是实力。有许多人认为进入网红的门槛很低：卖个萌、露个肉、发几个搞笑的视频就能火起来，其实远没有这么简单。你需要具备各种能力：运营自身品牌、提高价值、维系关系、吸引新粉丝的同时留住既有粉丝、供应链管理、商品配送与售后服务等，都是需要网红考虑的问题。

那么网红如何吸引粉丝追随自己呢？

1.拥有辨识度极高的超级标签

在互联网的虚拟世界里，每个人都是平等的，无论现实生活中拥有怎样的地位和光环，在网络上你就是一个普通的网民。要想从众多的网民中脱颖而出，就得有自己所独有的标签。比如火得不行的“papi酱”，她的标签是以大龄女青年形象出现在公众面前，凭借张扬的个性，通过扮演各种不同的角色，运用夸张、嘲讽甚至自贬的语气点评社会热点话题，吸引了1000多万的粉丝。综合来说，张扬、潮词、讽刺辛辣而不乏幽默是“papi酱”最显著的标签。

移动互联网时代，网红与粉丝的沟通变得非常容易，而标签化的表达方式是粉丝接受你的秘诀。比如，“90后”常用的词“经拿滚”、“城会玩”等，不是那个群体的人，或者是没有经常关注那个群体聊天动态的人根本不知道是什么意思。所谓“经拿滚”就是“经验拿去赶紧给我滚蛋”，“城会玩”即“你们城里人真会玩”的意思。从中你发现有什么共性？高度浓缩的标签化表达。网红之所以能在网络上爆红，最重要的就是旗帜性的标签，越鲜艳越好，辨识度越高越好。

2.打造吸引粉丝的个人魅力

个人魅力不只是颜值，还包括自己的喜好、独特的主张，颜值只是加分项。比如红得发紫的张大奕、方婧等网红，都曾晒出过自己的素颜照，微博上也发起过淘宝女装红人素颜比拼的话题。这么做一方面可以引发讨论，另一方面也契合年轻一代女生无所畏惧的生活态度。个性鲜明，敢说敢做，喜欢他们的人非常喜欢，不喜欢他们的人也颇有微词。多数情况下，网红的粉丝群体都与其个性相似，不管你如何出色，你都不可能让不同类型的粉丝全都喜欢自己。有人非常喜欢，就一定有人非常讨厌，网红只要将非常喜欢自己的粉丝经营好就够了。

3.良好的展现精致生活的能力

网红如何向粉丝展示自己的精致生活？如何将时下的时尚元素、自己的生活方式在不同的场景展示出来？如何在粉丝面前呈现美好的一面？这些都是技术活，没有良好的展现精致生活的能力是不行的。

4.传递正能量和亲和力

正能量和亲和力，是网红吸粉的撒手锏。都说美女爱英雄，这不，宁泽涛在2014年多哈亚运会后就成了网友心中的“完美男人”。“小鲜肉”、亲民的性格、世界顶尖的成绩，引来一大批“宁太太”对“老公”赤裸裸、热辣辣的爱。

态度谦和、顽强拼搏、乐于分享，再加上其他的特质，网红就有可能俘获粉丝的心。

人格品牌化，用人格魅力征服粉丝

网红经济的核心就是人格品牌化。什么意思呢？就是以人格来做品牌代言。比方说，我们每个企业的领导者，都要把自己包装成某个垂直行业的代言人。现在，无论是传统行业，还是互联网行业，很多的企业领导人都在为自己的品牌做代言。所以，我们会看到马云就想到阿里巴巴，看到雷军就想到小米，看到马化腾就想到腾讯。企业界其他人格品牌化现象如下：

1 看到王健林
想到商业地产领军品牌——万达

2 看到董明珠
想到传统制造业的代表——格力

3 看到雷军
想到智能手机的后起之秀——小米

4 看到李彦宏
想到中国最大搜索引擎——百度

5 看到柳传志
想到IT领域的王者——联想

实际上，网红经济的品牌运作模式，就是用人格魅力去征服粉丝。在移动互联网时代，年轻用户的习惯发生了巨大的改变，他们愿意购买你的产品，有时并不是因为你的产品有多优质，而是因为你本人具有人格魅力。粉丝希望在产品中看到情感、细节、品性、生活方式、流行趋势和故事情节，而这恰恰是网红的优势。

网红最大的价值就是能将品牌影响力放大，在这里，品牌的影响力是关键词。如果网红要塑造品牌价值，那么将品牌人格化是一个有效的途径。

每个网红都有属于自己的影响力，在个人品牌化的打造过程中，关键在于如何巧妙地将个人特质嫁接到品牌上。

郭敬明和韩寒都称得上是网红作家，不过二人的个性差别巨大。一个精明、奢华、爱名牌，一个洒脱、随性、爱赛车；一个思维缜密、生活精致，一个紧跟潮流、不拘小节。就连两个当事人都表示如果在一起的话都没法好好相处。

应该说，郭敬明和韩寒都是那种个性突出、性格鲜明的人。尽管在别人的眼中他们合不来，但其实他们都在塑造自己的个人品牌。

2014年，郭敬明和韩寒分别推出了自己导演的电影《小时代》及《后会无期》，看过这两部电影的人都知道，这两部电影没有半点相似之处。实际上，这两部电影就是两人个人品牌的真实写照。

《小时代》满屏都是俊男美女，其剧情相当狗血；而《后会无期》的剧中人物却不修边幅，一脸邋遢。不过，它们都取得了惊人的票房收入。无论是郭敬明还是韩寒，他们都有着一大批忠实的粉丝。

《小时代》里的豪宅、名牌服饰、高端会所可能会让许多人望尘莫及，郭敬明的定位很清晰，这就是拍给那些不当家不知柴米贵的“90后”和“00后”看的，这部分粉丝要么是刚刚踏入社会的大学毕业生，要么是在校有着美好憧憬的学生，他们的收入都不高，有的甚至没有固定的收入来源。郭敬明的精明之处在于让每一位年轻粉丝都能在《小时代》的奢华生活中找到自己的梦想，然后幻想自己也能过上电影里那些角色的生活。换句话说，既然在现实中自己还得不到那样的生活享受，那么就在电影里体验一把。这道理跟互联网还没普及时人们看武侠电影是一样的，既然我不能飞檐走壁，在电影里看一下侠客们衣袂飘飘，也是一种快感体验。

而文艺范儿十足的《后会无期》目标人群也很清晰。它定位的群体是“75后”和“85前”的文艺青年。这类人群大多经历过一些挫折，他们整体处于迷茫彷徨的状态，但其内心却依然保持着倔强乃至叛逆，他们都在迷茫彷徨中寻找自身的价值，追求自己所认定的有意义的目标。

无论是郭敬明还是韩寒，他们无疑都是品牌运作的高手：定位明确，将个人的影响力植入品牌中，在两部电影票房疯长的背后，都有一大批忠实的粉丝埋单。这正是网红经济运作的精髓。

网红打造网红经济产业链时，切莫忽视品牌公关。现在产品之间的差异越来越小，而品牌的影响力正变得越来越大。比如小米手机，你会发现前三代每一代的小米都有非常大的变化，今天的小米系列产品，好像没有太大的区别了。苹果手机的情况也类似，前几代苹果产品都有明显的性能和外观提升，后几代的产品差别都不大。也就是说，尽管科技在高速发展，但出现颠覆性替代产品的概率并不大。既然在短时间内不会出现全新的革命性产品，那么塑造品牌全新形象，增加品牌知名度和影响力就成了当务之急。

网红经济是依靠网红来塑造品牌的，你需要让消费者知道你的这个产品是与众不同的。那么怎么做到这一点呢？毫无疑问就是品牌。比如“黄太吉”这个品牌，黄太吉是做什么的？是煎饼行业的老大。黄太吉要转型做火锅，贴一个黄太吉的牌就行了。比如某网红在塑造好个人品牌后，原来在视频直播平台表演，后来说不愿干了，想要转型写文章，那就告诉粉丝们：我现在改行写干货了，粉丝们要来捧场哦！这样的转型会更容易一些。

网红的终极目标当然是追求利润。过去的传统行业获取利润的渠道无非是两个字“垄断”，无论是信息垄断还是准入门槛垄断。而在信息无处不在的移动互联网时代，想要靠信息垄断是不可能的，那些准入门槛极高的垄断行业也在逐渐地放松垄断，对于依靠人为设置门槛拒绝竞争者加入的做法的诟病越来越多，在可预见的将来，独享垄断暴利的情况将被打破。在这种情况下，就要塑造强力品牌。2011年苹果智能手机的销售数量只占全球手机销售数量的7%，但拿走了超过50%的利润。苹果手机溢价权在哪里？也是在品牌。苹果不认为自己是在卖手机，而是在传达美感；耐克也从来不说自己是卖鞋的，他们只说自己卖的是运动精神；哈根达斯认为自己卖的不是冰激凌，而是爱……其实，它们卖的都是品牌。

今天的品牌都是高度人格化的。过去大家都喜欢开宝马车，但是很少有人知道宝马的老板是谁，但今天即使你不买“小米”，不用“苹果”，你也知道雷军，知道乔布斯。那么为什么今天品牌人格化十分重要？因为这个时代掌握定价权的是消费者，他们认知产品的路径变了。今天我想买空调，我会买格力品牌，我知道格力的当家人是一个个性鲜明敢作敢当的女强人董明珠，她严谨、专注，将产品性能做到了极致，因此买格力空调一定错不了。

总之，将个人标签无限放大，并巧妙地融入品牌之中，这是网红获得成功行之有效的举措。

让自己的品牌小而美地存在

网红从本质上来说就是个人品牌，网红经济就是依靠网红的影响力打造全产业链经济闭环。其实，网红打造个人品牌，与过去企业家接受报纸杂志电视台的采访是一样的，也是一个打造个人品牌和推广企业文化的过程。所不同的是，目前的大众传媒阵地已经发生了转移，从过去的平面媒体转移到了互联网。以前企业家打造个人品牌，到央视进行专访，需要讨好央视的人；而如今的自媒体时代，网红需要讨好的是粉丝。虽然讨好的对象不一样，但本质是一样的。

在网红经济的产业链条中，一些小型社交平台因为具有某领域的专业性，往往会有部分网友脱颖而出，受到粉丝的追捧，这些垂直细分领域的佼佼者逐渐成为小型网红。

应该说，网红现象是近两年来最激动人心的现象，网红经济的出现对创业思路以及观念都产生了颠覆式的影响。许多人对网红的迅速崛起不屑一顾，这些人的心态或许跟20年前嘲笑那些买房者的心态一样，结果怎么样？结果是近10年来房价迅速上涨，试问有谁还敢嘲笑当初那些举债都要买房子的人？

不可否认，网红经济正在向诸如服装、美容化妆、卫生保健、教育等领域渗透，而且影响巨大，是任何一个研究经济走向的人都不容忽视的。

网红不是自封的，也不是任何权威机构任命的，是市场自发的、民众拥戴的品牌。无论是企业家、歌星影星，还是各领域的名人、现在的网红，他们都在做一件事——创建品牌。大家都知道企业的核心价值就是品牌。可口可乐这块金字招牌就值几百个亿；如果耐克现在不生产鞋子了，将这个品牌卖出去，也能卖几百个亿。所以，整个商业最核心的价值是品牌。

财经评论员李大霄估值10个亿、“papi酱”估值3个亿、罗振宇估值20个亿……网红的品牌是可以兑现的。许多人感到不可思议，然而这就是事实，网红的崛起，使商业创造品牌有了更为快捷的途径。刚开始的时候，众多的风险投资公司也没有意识到网红的巨大影响力，比如有的网红只是在微博、微信上做了公众号，一年就有两个亿的销售收入。“许多现象，真的令人头晕目眩。”中国著名天使投资人徐小平说道。

传统的商业流程是先有产品，然后才有品牌。比如，一个企业最开始时是拼命做产品，做完产品以后就拿到市场上试销，去找媒体或名人推广。而网红时代正好相反，是先有品牌，先占领人心，让粉丝追捧你，然后再为消费者提供他们所需要的产品。比如，消费者知道网红张大奕在开淘宝店，在她的微博上有服装效果展示，于是看她的微博，消费者会认为：“原来她穿起来这么好看，我也订一套这样的服装。”消费者是冲着张大奕这个品牌去的，这就是品牌的力量。

网红经济的运作模式是，先让消费者知道你，进而喜欢你，把购买你的产品当作习惯。至于最后的配套支持，比如设计、物流、售后服务等环节，跟上就行了。

不只是服装行业，任何一个行业的网红经济，其首要任务都是打造好品牌。

北京儿童医院院长助理、眼科主任医师于刚早在10年前就有了打造眼科品牌的想法。

由于医疗在我国是个特殊行业，受到国家管制和控制也比较多，尽管前一段时间比较流行“O2O医疗”，但北京儿童医院当时的情况是既无线上又无线下，既没有品牌科室也没有品牌专家。在没有微信、微博、APP的时代，于刚就打造了“一虚一实”两个眼科和“三个平台”。虚拟眼科是一个线上诊疗信息平台，线下实体眼科就是儿童医院眼科室。“三个平台”即优质医疗服务平台、品牌塑造平台和医护技一体化平台。经过一系列品牌化改造后，北京儿童医院最高日门诊量达到1600人次。

于刚属于医生网红，在他看来，打造眼科的品牌医生，关键在于分享：医生和医生的分享、患者和患者的分享、医生和患者的分享。“品牌医生的打造是没有捷径的，精湛的医术、高度的责任感、精耕细作都是必不可少的要素。”于刚说道。

对所有有志于创造高影响力品牌的网红来说，最根本的是信任。没有信任就没有品牌或者品牌不会持久。第一，如果是你非常熟悉的领域，你要敢于发表意见，要积极分享知识和理念；第二，对粉丝和某件事情的评价，一定要客观、公正，可以为产品代言，但一定不要有坑消费者一把的想法，这样品牌的影响力才会持久；第三，当粉丝求助我们的时候，不要为了让他们更加信任自己而欺骗粉丝，这么做是会砸招牌的。

网红在社交平台上和粉丝是平等的，即便是那些专业精深的网红，要做好自己的品牌，也要将自己摆在和粉丝平等的位置上，否则就会出问题。

如何将网红品牌持续发展下去是网红所面临的一大挑战。网红不一定非得拥有500万粉丝。如果一个人愿意长期持续为粉丝输出价值，去分享，让身边的人清楚他的标签与定位，那粉丝数量的增长就是大概率事件。而且分享越多，就会获得越多。

现在大家都在讲互联网思维，其实，网红也应该有网红思维。作为网红，不能整天只顾卖出产品，网红思维不是卖货思维。消费者之所以买账，正是冲着你这个品牌来的。如果仅仅是钱货两清，互不欠账，请问消费者凭什么非要买你的产品？以前中国产品生产力不足，你只要能生产出实用的产品，大家都会来买；但后来，随着产能过剩，全世界所有顶级品牌都来我国贴牌生产，在供应充足的买方市场时代，用户可以买到很多廉价的东西。所以，网红要转变观念，将注意力集中在为用户提供产品附加价值上，这时候你就会发现，情感价值已经慢慢渗透进品牌里了。

案例：“papi酱”——“一个集才华与美貌于一身的女子”

40多条原创短视频，在短短几个月内刷爆社交媒体，每条短视频的浏览量超过10万，这个“集才华与美貌为一身”的女子为什么会这么红？

目前，虽然各式网红蜂拥出现，但真正能大红大紫如“papi酱”者毕竟寥寥无几。“papi酱”原是中央戏剧学院的高才生，其外形酷似生活中随处可见的邻家小妹，清新、婉约。目前，“papi酱”的粉丝数目超过1000万。很多人都在好奇，在窥探，甚至对她是否真的值3个亿表示怀疑。下面就让我们走进“papi酱”的世界看个究竟。

根据腾讯视频、优酷土豆等各视频网站的统计，“papi酱”的短视频累积播放量已经过亿，在优酷上，其《男性生存法则第四弹》播放量已经超过188万次。纵观“papi酱”的视频风格，有“犀利”、“反叛”、“清新”等特点，从根本上说，大家对她的青睐，还在于她能以独特的创意展示一个普通人生活中的痛点，接地气的表现方式直击人们脆弱的心灵。与那些单纯靠颜值、靠身材走红的网红不同，“papi酱”的出现带来了一股清风，那些自嘲和调侃的语句，不断引起观众内心的共鸣，给观众带来欢笑。“papi酱”不靠颜值取胜（尽管她也称得上美女），更多的是靠才华，热点题材的敏感度、接地气的高超演技、专业的剪辑技术，足以让她在众多美女中脱颖而出。

“papi酱”总是能适时推出紧贴热点的短视频，比如，在“双11”前后推出《喜迎双十一》；在猴年春节即将来临之际，推出《马上就要过春节了，你准备好了吗？》，等等，这些短视频引来大量关注和点评。

“papi酱”是上海人，而作为中央戏剧学院的研究生，简单的英语当然不在话下，然而令人惊奇的是，她能将上海话和英语进行无缝对接，衔接处丝毫没有突兀感，所以网友们认定她颇具才华。

比如有一年回家，她拍了一个如何应对亲戚的视频。在视频中，她搜集了所有有关吐槽亲戚的评论，然后把能引起观众共鸣的话一句句说出来，网民们因“说出了我们的心声”而给了她无数的赞。比如在视频中，她说：“每年看到你们家这几个熊孩子，我就不想生孩子了。”“唉，您说美国怎么还不控枪呢？关我什么事？那我不结婚，关你什么事啊？”这个视频一共获得了3512个打赏，打赏金额最低2元，再高一档是17元，最高档达到166元。大家可以预估一下这个短视频光打赏会赚多少钱。

从更深一步分析，我们总结一下网红粉丝受众的心理。粉丝之所以追捧网红，源自三个方面的需求：从社群文化中寻找群体归宿感、对理想生活的向往和娱乐消遣。

1.从社群文化中寻找群体归宿感

网红的粉丝群体就是一个有着相同爱好，甚至是相同需求的群体，而粉丝通过对网红的热爱甚至崇拜来找寻真实的自我。同时，粉丝们通过共同喜爱某位红人而找到与自己有着共同追求的人，通过“聊得来”、“他们都懂我的心”来获得满足感。越是个性化十足的网红，就越容易聚拢性格和追求相似的粉丝，是粉丝的个人化价值引起了群体归宿感。

2.对理想生活的向往

网红在与粉丝互动的过程中，会向粉丝们展现一种积极向上、惬意舒适的生活，这样的生活正是粉丝们所向往的。网红通过励志故事的分享，向粉丝们展示了如何从一个草根做到今天的地位，这种亲身经历很具有说服力，而那些还没有达到这个目标的草根，就会对网红产生崇拜心理。

3.娱乐消遣

快节奏下的现代人每天都沉浸在现实生活之中，面对来自学习、工作和生活上的压力甚至是困境，他们通常会采用娱乐化的方式来纾解。对这部分人来说，他们就是通过放松以暂时忘掉琐碎繁杂的事务和不快，转而寻求娱乐消遣。网红提供的搞笑段子、对有关领导毫不留情的挖苦讽刺，能迅速引起他们的共鸣，发泄式的吐槽正好卸下了淤积于胸的郁闷。虽然内容不同，但令人赏心悦目的表现方式高度契合了人们娱乐消遣的需求。

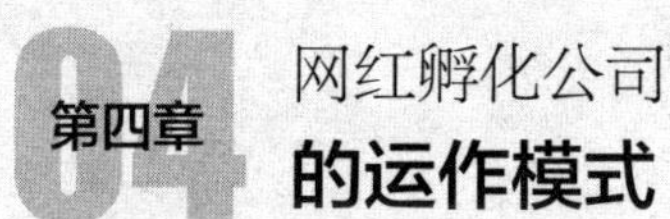

第四章 网红孵化公司的运作模式

网红在供应链前端以自身的影响力，将自己在时尚领域的敏感度和品位同自己的粉丝分享，进而将符合潮流趋势且迎合粉丝偏好的产品推荐给消费者。而孵化公司则组织专业团队为网红提供一切他所需要的服务，并通过电商渠道解决供应链问题。这一运作模式的出现，不但降低了消费者购物的难度，而且缓解了品牌库存高、资金周转速度偏慢等问题。

寻找并签约有商业价值的网红

网红的火爆以及强大的盈利能力吸引了电商、互联网企业的关注，网红经纪人、网红孵化公司也应运而生，一整套围绕网红打造的经济链条也逐渐清晰起来。作为网红孵化公司，首要的任务就是寻找并签约他们认为有商业价值的网红。

随着网红经济的兴起，市场上出现了“如涵”、“莉家”等专业网红孵化公司。这些公司都加入了抢夺网红资源的大战之中。比如如涵就签约了上百名网红。

网红身上蕴藏着巨大的商业价值，因此一些具有较大影响力的网红便成了这些公司争抢的对象。

张强是杭州一家网红孵化公司的工作人员，他的专职工作就是寻找并签约有潜力的网红，在他随身携带的笔记本电脑里，记录着上千个网红的详细信息。哪些已经签约，哪些有自己的实体店，哪些有较强的商业变现能力……都一一记录在电脑上。张强每天的工作，就是不停地约见这些网红，并想方设法与之签约。

自媒体时代，活跃在新浪微博、微信、视频直播平台的网红，在各自的平台上大显身手，显示出了强劲的吸金能力。他们的品牌潜在价值都很高。比如服饰类微信公众号“黎贝卡的异想世界”估值就高达1000万美元。在新浪微博拥有150万粉丝的时尚博主黄某，其推送的广告就达到了每条5万至7万元。

网红孵化公司之所以青睐网红，不仅是看中了网红强大的吸金能力，还看中了网红的高粉丝转化率。网红孵化公司不单单只看网红的粉丝数量，也注重分析网红的粉丝转化率。换句话说，网红向粉丝推荐产品，有多少粉丝会买账。一般来说，粉丝转化率在5%以上的网红具有较强的盈利能力，而国内顶尖的网红其粉丝转化率在20%左右。

其实不只是国内品牌青睐网红代言，国外也早就注意到了网红的影响力。比如欧莱雅就以100万美元签约了瑞士时尚博主克里斯蒂娜，而克里斯蒂娜在Instagram（一款图片社交应用）上拥有200多万名粉丝。

网红孵化公司与网红签约后，一般会为网红提供三大服务：一是提供网红经济的供应链管理；二是提供电商运营服务；三是对网红进行培训包装，进一步强化网红的影响力。简单来说，网红孵化公司签约网红后，会对网红进行塑造、策划、推广。上海一家专门为网红服务的孵化公司经理说："如果在某个领域小有名气的会比较容易推广，如果从零开始炒作策划，大概需要8万元。"该公司经理表示，他们的业务不但包含签约已有一些名气的网红，还包含挖掘培养新的网红，帮助那些想要成为网红的用户在新浪微博、微信朋友圈进行推广。

其实，多数的网红都不是一个人在战斗，他们的背后有一个团队或者是一个成熟完善的平台，是这些团队或平台在推动着网红经济的发展。

下面我们来看一个来自大洋彼岸的案例，或许对目前国内网红孵化公司的“造星运动”有些借鉴意义。

早在2009年，美国的Maker Studios公司就打造出了一套网红孵化公司与网红签约的运作模式。

Maker Studios采用的是利润分成的方式来与网红合作。Maker Studios为网红提供包括内容制作、推广等全方位服务，而针对内容产生的广告收益，公司会拿走其中的45%的利润，其余均为网红所得。

网红分得了利润的大多数，因而许多网红都愿意与该公司签约。如今该在全球范围内已签约了5万多名内容创造者。

Maker Studios的业务涵盖经纪人、制作、广告、营销等多重业务，不仅签约了一大批有影响力的网络红人，还为有网红潜质的人提供从培训、视频制作、推广到寻找商业合作伙伴的全套服务。目前，Maker Studios平台的粉丝数量已有几十亿。

Maker Studios在挑选网红时主要看四大指标：粉丝数量、流量、影响力和变现能力。而且为了降低风险和减少试错成本，Maker Studios一般会签一些有潜力的网红，判断一个网红是否有潜力，不仅要看他现有的粉丝数量，还要借助大数据工具了解他们的人气增减情况。网红要想与Maker Studios签约，最少得要有几千粉丝。

除此之外，Maker Studios公司还借助于大数据技术打造网红。公司的工程师和技术团队负责收集数据，建立数据库，了解什么样的节目和网红比较火，以及以后的发展趋势，然后根据网红所在的垂直细分领域来选择后续制作人员进行合作。网红在各个垂直细分领域无疑都是佼佼者，但个人的力量毕竟有限，而且过去的成功并不代表未来也一定会获得成功。Maker Studios借助于大数据分析工具，能准确预测未来的发展趋势，并能有效推出适合粉丝口味的产品。

网红孵化公司之所以会成功就是因为培养出了垂直细分领域的意见领袖，并使其在这一领域里拥有强大的号召力。公司要想做强做大，必须将眼光放长远，配套服务要跟上，在“造星”进程中，要着力强化网红的IP属性。随着网红群体越来越大，网红的辨识度将越来越模糊，未来的赢家将是那些有着超高辨识度的网红孵化公司。

网红策划推广培训成为系统工程

网红的短板非常明显，比如缺乏供应链支持、团队管理不规范、出格的言行举止遭到诟病等。这些短板非网红自己能克服，需要借助一个专业团队来策划推广，予以修补。

实际上，要成为一名网红也很不容易。为了成为时尚领域的意见领袖，网红需要挎着最新式的名牌包，选配昂贵的服饰，不停地变换妆容。他们要去高档餐厅消费，出席商业活动，努力借助明星“涨粉”……尤为重要的是，他们要有表演的才能，晒高端精致的生活是技术活，一方面要吸引粉丝，另一方面还要制造出消费场景，勾起粉丝的消费欲望。

网红经济得以实现的前提是网红要成为某个细分领域的意见领袖。因此网红在聚拢粉丝的同时，还需要形成自己独特的风格，让粉丝相信他们的品位。

不得不说，在自媒体时代，那些一夜爆红的人，大多背后都有人在策划推广，其中不乏采用炒作的手段上位。当然，炒作不都代表是贬义，虽然有些品位不高，不值得提倡，但只要合理合法就无不可。

比如现在为大家所熟知的芙蓉姐姐，其爆红网络就是炒作的结果。

小陈当时的一个身份就是芙蓉姐姐的网络推手。那时，芙蓉姐姐在高校论坛上已小有名气，当时的天涯论坛想找一些话题热炒，于是小陈发现了在高校BBS上小有名气的芙蓉姐姐，并找来了几个版主和一些网络写手，当完成内容制作后，一方面找其他网站跟进，另一方面找传统的媒体记者进行报道。一下子芙蓉姐姐就成了网络红人。

小陈当然不会无缘无故去做网络推手，他也获得了一些经济利益。他通过出售自己拍摄的芙蓉姐姐的照片获得了不菲的收入，更重要的是，作为外部合作人员，他获得了天涯首页推荐广告位，后来小陈自己创办公司时，就用了这些广告位来宣传。而天涯也从中获得了经济利益，芙蓉姐姐爆红后的3个月，天涯获得了500万美元的投资，天涯的流量也得到显著提升。

那么网红如何赚取经济利益呢？

1.与明星捆绑营销

明星效应有巨大的威力，网红借势明星获取粉丝的成本很低。举例来说，有许多网红孵化公司会花钱去买粉丝，一般买一个真粉要花10元至30元人民币。而郭富城、王思聪等明星的女友们，其粉丝数量都是几百万数量级的，你能说郭富城、王思聪等明星对“涨粉”不起作用？

深圳的一家网红孵化公司准备打造一名“网红英语老师”。这名老师原是一家教育机构的英语老师，在签约这家孵化公司之前，他的粉丝数量是800，而他的微博被公司接管后1个月，其粉丝数量就超过了1万。这是怎么做到的呢？那就是借助明星效应“涨粉”。

该老师原是明星李易峰的翻译，一张他与李易峰的合影为他带来了3000多粉丝；一段为李易峰翻译的视频，粉丝数便突破1万。

该网红孵化公司还将别的网红粉丝导流给他。比如，一个美女网红发了一条微博：“给已婚妇女安排颜值这么高的英语老师，合适吗？”照片中，该美女网红在向他学习英语。而其丈夫也在微博上配合调侃：“当你老婆学英语时遇到这么高颜值的老师时，你该怎么办？我的答案是一起学。”

明星效应加上有技巧的炒作，其成效当然显著。

2.要舍得花钱买粉丝

平白无故火的人毕竟是少数，要“涨粉”，还是离不开资本的支持。一个网红孵化公司的负责人说：“公司刚刚花了1700多元买了35个微博粉丝。公司推广的微博会出现在这些用户的首页，通过变更年龄、性别、兴趣等来测试究竟哪些用户是公司的目标客户，当精准定位这些客户后，公司才会向目标群体进行推广。”

当前，买一个微博粉丝的价钱偏高，比如上述公司买一个粉丝微博要花费近30元，通过了解，孵化公司希望通过多种营销方案降低成本。“投资10万元，能获得100万粉丝，绝对是合算的买卖。”有关业内人士表示。

对于那些实力还不算强的网红孵化公司来说，他们更愿意与小网红合作，投入的成本低且易于控制。在和网红签约前，公司会判断其潜在价值，然后会进行一系列的培训、包装和推广。

3.要获得粉丝的信任

作为网红孵化公司，切莫急功近利，粉丝的返购率之所以高，是因为他们对你有高度的信任感，如果你不小心破坏了你在粉丝心目中的信任感，你将失去粉丝。

据测算，单个粉丝每月平均可以为网红贡献2元至3元的销售额，当然，粉丝黏性和产品上新速度的差异会影响这一数字。一些拥有庞大粉丝群的精明网红，绝不会胡乱透支信用。比如网红许雅妍为了获得粉丝信任，从不接受其他品牌的广告请求，“一条朋友圈广告的价格是7000元，一条微博有人出价5万，但我拒绝了。”她说道。

网红孵化公司有着强大的运营能力，借助大数据分析，公司可将网红经济运营效率最大化。网红在前端吸引粉丝、黏住粉丝，孵化公司负责打通供应链，提供供货、物流、客服等后端服务。这样的合作方式，对公司和网红个人来说，是双赢。

组织专业团队维护网红的社交账号

大部分做得不错的网红其社交账号都有专人打理。例如，腾讯微博的账号最多只能容纳5000个粉丝，那些粉丝数量上100万的网红该怎么办呢？“我买了20部手机，交给专门的人负责向粉丝推送信息，制作好内容后，20部手机同时推动这条信息。”一位化妆品网红说道。

孵化公司与网红合作后，会帮助网红进行大数据分析，以便在产品的投放上更具针对性。例如发条微博：“大家喜欢看某某娱乐节目吗？”通过粉丝反馈回来的信息，就可以知道这个网红粉丝群体的兴趣偏好，购买力强弱，这样在后续推出产品的时候就更有针对性。其实，网红发出的每一条信息都是由孵化团队精心制作的，看似随意，实则大有玄机。一个大型的孵化公司，每天都会生产几百条“剧本”，视需要将这些剧本与签约的网红匹配，从而帮助公司吸引潜在客户。

我们知道，网红的粉丝数量只是资产，要将资产转化为可以变现的财富才有意义。因此，网红经济讲究的是粉丝的转化率。网红在社交平台上呈现的颜值、品位和生活方式，一定要巧妙地导入具体的产品中，即使拥有1亿粉丝，却没有行之有效的变现手段，那么粉丝再多也是一种资源闲置。

网红与孵化公司的合作成功地解决了变现的难题。网红的社交账号在专业团队的打理下，更有可能实现增值。

金怜佳，是一位1992年出生的新晋网红。她有着高颜值、好身材，在社交平台上个性鲜明，具备一名网红所需所有要素，在与网红孵化公司莉家的合作中，以广告、电商等方式实现了社交资产变现。

可以说，网红金怜佳正是网红孵化公司运作的受益者。这不仅使她的粉丝群体得到了迅猛扩张，还使店铺的供应链短板得到了改善。在此过程中，莉家CEO冯敏除了担任经纪人外，更扮演了管理网红社交账号的核心角色。当金怜佳遇到较难回答的问题时，冯敏都会适时为她提供帮助。

孵化公司在管理网红社交账号的时候，一般都会依照网红的固有风格推送信息，只不过签约网红孵化公司的红人在与粉丝互动时会更精细。比如，金怜佳推送一条微博，大多是背后的专业团队制作出来的。纵览金怜佳所发的微博，其表达方式都是经过深思熟虑的，且她所发的每条微博的目的性都不一样。在微博端，她不但要尽量满足粉丝的期望和要求，既要保持与粉丝的互动，又要为粉丝提供想象空间和商品价值，这没有幕后团队的支持是很难做到的。

每个网红都有特定的粉丝群体，特别是那些个性非常突出的网红，其粉丝大都具有相似的性格。比如“90后”粉丝的心理就是，我喜欢你，所以我选择你。经过我们的长期研究，我们发现“90后”、“95后”的女性，最看重的是情感因素，其次才是性价比，年轻女性大都喜欢在网上刷存在感。

当然，网红类型很多，网红的社交账号在专业团队的管理下，粉丝的忠诚度也很高。比如“如涵”的数十位网红都有各自的粉丝群，很少有粉丝同时去追几个网红的。而且，忠诚的粉丝和网红会处出感情。比如网红周扬清能记住40多个粉丝的名字，网红与粉丝间甚至会互赠礼物。

很多网红孵化公司为网红提供专门的账号管理。比如，如涵为旗下的每名网红配备了专职品牌队长，负责平台与网红之间的沟通，为网红提供方向性的创作建议。

一位叫“摩丝”的网红，性格有些内向，不愿意在微博上分享生活，最初的粉丝只有几万人。在与孵化公司合作后，公司建议她把朋友圈的内容转到微博上，再从其中挑出买家最感兴趣的定期发送，比如，美白教学视频等。合作一年后，她的粉丝涨到了200万。

网红孵化公司的自媒体运营部门会通过技术分析，将方法提供给网红，比如有公司建议网红转发“罗辑思维”的演讲视频，转发某某草根通过自身努力而大获成功的励志故事，最后浏览量一下就上去了。

网红孵化公司，其最核心的任务就是打造网红品牌。前面说过，网红之所以红，是因为其鲜明的个性。辨识度越高的网红，越容易成为独立品牌。所以，孵化公司在网红的打造上，更多的是“塑造”而非“复制”。网红孵化公司可以让一个有潜力的人变成大网红，但究竟会红到什么程度，是公司和网红共同决定的。不但要看网红自身的审美能力，也要看公司自媒体内容的经营能力。

利用网红对接供应链渠道，整合上下游资源

缺乏供应链支持一直是网红面临的瓶颈问题。网红通过社交网络积累大量粉丝，通过对粉丝的商业转化，完成社交资产变现。在这个过程中，供应链支持是关键。

网红实际上是产品代言人，作为意见领袖，可以使品牌在短时间内获得较大的关注度和购买率。但要想维系品牌影响力，还需要团队去协作。

淘宝网红陈小颖表示，光顾她淘宝店铺的基本是老顾客，由于供应链不完善，店铺上新速度在同类竞争对手中比较慢，一个月才上新一次。目前，陈小颖店铺的团队规模较小，团队成员的主要工作就是设计、制造和营销，由于运作不够规范，资源整合的能力不足，上下游业务衔接不畅，导致顾客投诉较多。陈小颖表示，下一步要将工作的重心放到供应链管理上。

在一个有着完善供应链体系的网红经济中，网红负责和粉丝沟通、推荐产品，孵化公司则将精力集中在日常运营、供应链设计及建设上。随着网红经济的进一步发展，单打独斗式的运作模式难以为继，规模化、规范化运作才是网红经济的发展趋势。公司化的运作让一些新晋网红的粉丝群体得到迅猛扩张，店铺存在的供应链问题也得到了极大的改善。

一般新晋网红的优势在于其吸粉能力，而供应链管理则是其最大的短板。通过与孵化公司合作，实现强强联合、优势互补。比如，一位新晋网

红与莉家孵化公司签约后，该网红得到了公司提供的全方位服务，公司化运作让她的粉丝数量得到迅猛扩张，她的淘宝店铺年销售额少则百万，多则上亿。而且，通过电商渠道，与快递公司合作，在产品流通、售后服务、业务衔接上也实现了最优化。

可以预见，现在的网红电商模式尚属于早期，随着网红经济的进一步深入，未来的市场前景不可限量。而且目前网红与孵化公司合作的模式已经体现出了其经济价值。比如手握“管阿姨”、“呛口小辣椒”等知名网红的莉家，已经吸引了众多风险投资公司的关注。

对于许多自主运营店铺的网红来说，为什么喜欢在淘宝开店？这是因为他们看中了淘宝平台的大数据分析能力。对网红店铺来说，流量不重要，重要的是流量导入后的动作变化，以及购买的转化情况。而流量对淘宝来说意义更大一些，淘宝是靠平台的影响力来赚取利润的，打造平台，离不开数据支撑，而海量的流量即时数据，是淘宝的优质资产，通过对这些大数据的分析归档，从而为其他商家进驻淘宝提供信息服务。一句话，淘宝看中数据，而网红则侧重流量转化。

很多的网店在供应链上吃了亏。比如，赵大喜的淘宝店，在供应链前端有一套高效的流程，赵大喜自己担任模特，丈夫摄影，出样衣拍美照，挑选受欢迎的款式打版，正式上架淘宝店，这一烦琐的流程只需要一个星期的时间。但由于后端的供应链问题，经常出现延迟交货的现象。

美妆网红罗休休拥有500万粉丝。C2B平台“请出价”创始人张帅与她签约后，依托优质资源，为其匹配美妆的上游供应链。“如果没有张帅，我可能还在烦恼供货问题。”罗休休说道。

罗休休的销售力惊人。2015年3月18日，罗休休店铺网页浏览量达15万人，其中有4万人收藏，此后每天都有10万人点击进入。3月25日正式开卖后，平均每天的订单量超过5000单。

张帅认为，C2B是网红经济最理想的商业模式：通过意见领袖的号召力，细分目标客户需求，预测稳定的订单数量，为上游供应链定制产品，实现产品的精准投放。

目前，网红店铺的供应链管理方式有以下三种：

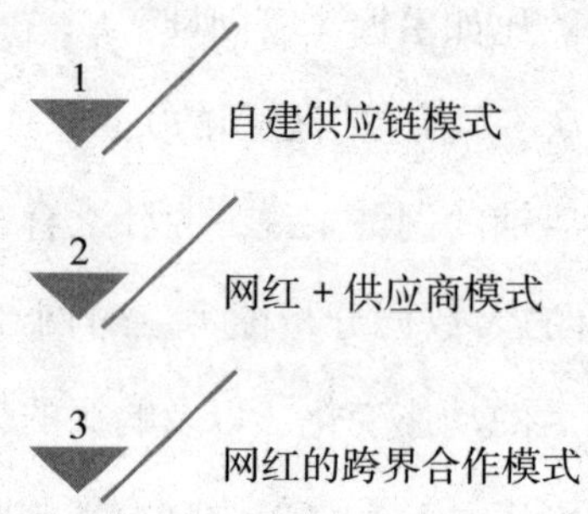

1.自建供应链模式

在该模式下，网红不但要做好前端的产品推广，更要做好后端的产品设计、生产和配送。该模式的最大好处是拥有更多的话语权，但需要投入的时间和精力也更多。

2.网红＋供应商模式

网红的最大优势就是充当消费者的意见领袖，在该模式下，网红负责产品推广和设计，供应商则负责生产和店铺运营。目前，这种运作模式最为普遍。

3.网红的跨界合作模式

在该模式下，网红除了主抓产品推广，还担负着设计和寻找代工厂的职责。比如，淘宝店网红陈小颖就与莆田运动鞋制造企业“思威琪”进行跨界合作。陈小颖扮演网红推广和独立设计师角色，其产品由她本人设计，加工则交由第三方负责。这一模式的最大优势是缩短了供应链，出货效率较高，而代工厂也可借机推广一系列创意产品。不过，这一运作模式对网红的要求较高，不但要有吸引粉丝、黏住粉丝的能力，还要有一定的产品设计能力和商业运作能力。

总之，网红经济的本质是粉丝经济个体去中心化，在信息化时代，孵化公司对网红的支持大多集中在供应链管理上。未来，孵化公司会将着眼点放在对特定用户的关注上面，并在此基础上研究个性化应用，通过数据的实时传输和共享，为网红活动提供优质的供应链服务，从而打造出一套无缝衔接的高效供应链体系。

提供相关电商店铺的运营管理和服务，形成交易闭环

国泰君安的网红经济研究报告显示，网红在服装产业的利润率保持在20%左右，已经远远高于传统服装行业。网红在服装运营流程中，在推广、试错、目标群体定位、信息反馈等方面有着传统服装行业所不具备的优势。

网红在前端利用自身人气来维持与粉丝的高频互动，从而捕捉他们的消费需求；而孵化公司则在后端迅速反应，为网红提供生产、销售和物流配送等一条龙服务。

概括来说网红电商的运营流程如下：

1 专业团队接管红人资源

2 网红孵化公司培育红人

3 内容生产吸引粉丝

4 发布商品链接导入红人店铺

5 提供供应链服务

6 提供管理服务，形成交易闭环

网红电商店铺的运营大体经历了以下三个阶段：

直接卖货阶段。孵化公司在与网红签约后，根据网红粉丝群体反馈回来的信息，找一些现有的合适产品推荐给消费者。比如，粉丝反馈回来的信息是消费者喜欢重量轻一点的跑鞋，那么公司就可以为消费者推荐“李宁超轻透气跑鞋”，网红穿上这款跑鞋在粉丝面前秀一下，就能吸引部分粉丝购买，这种方式就是推荐后直接卖货的方式。跟传统的电商卖产品的模式类似。

但网红孵化公司的运营毕竟不同于电商，孵化公司与网红合作，其目的是要实现利润的最大化，普通的电商运营模式是直接把别人的货拿来卖，流量多，粉丝也恰好需要，所以也能获取利润。不过，这种直接卖货的方式是初级的，毛利也不会很高。因为这种模式是卖别人的东西，没有定价权，而且还会受到供应链环节的控制。

有自己的产品标识，进行贴牌生产阶段。这个阶段较直接卖货的方式更进了一步，有了自己的产品标识。比如，在产品上贴自己的标签，找第三方生产。这个阶段还称不上在做自己的品牌，其实，贴牌生产的思维方式还是直接卖货的思维方式，虽然能提高产品毛利，收获更多利润，但没有增加产品附加价值。这就如同富士康为苹果代工，虽然也赚取了丰厚的利润，但拥有极高品牌价值的苹果才是最大赢家。没有自己的核心品牌，必然受制于人，或许苹果有一天找别的工厂代工，那富士康就会失去这一利润来源。因此，贴牌生产也有先天不足之处。

做真正的品牌阶段。今后一段时间内，网红会越来越多，这个行业的竞争也会愈来愈强烈，无论是网红个人还是孵化公司，都有共同的目的——进一步发展壮大网红经济，打造专属于自己的品牌。网红的生命周期有限，而品牌则可以长久留在消费者心中。所以，一定要把品牌埋在消费者心中，只有这样，才能持续让消费者为你推出的产品埋单。

下面来看一看网红孵化公司的核心运作模式：

1.直接帮助网红开店

帮助网红打通供应链是孵化公司的核心任务。网红＋孵化公司模式较之传统电商模式有优势：传统的电商公司需要帮助品牌商做品牌设计、撰写推广软文，这不仅需要非常专业的品牌顾问和文案策划，还需要有专业的设计才能完成。但网红和孵化公司合作后，网红负责前端推广，孵化公司只需负责在后端做一些基础服务型工作就行了。

毫无疑问，传统电商的前端产品推广，其成本要比网红＋孵化公司高。举例来说，传统店铺进驻淘宝，需要利用淘客、直通车、钻石展位三大推广工具，无论采用何种工具，都要花费不菲的推广费。而网红除了参加特定的活动外，平时不需投一分钱的广告费。所以，孵化公司基本上只要做好客服培训就可以了，这在运营环节就节省了成本。

同时，网红模式在运作效率上也比传统电商高。比如，当其他卖家在抢着直通车竞价的时候，网红和孵化公司已经在联手打造品牌了。

2.强调快速高效

还是以服装行业为例，传统服装业最大的痛点是不知道接下来会流行什么，服装流行趋势预测是传统服装行业最感头疼的问题。因为在快速反应方面，传统服装业远远落后于网红店，所以，他们不得不提前备好他们认为将会流行的产品，其结果就造成了产品库存多，流行度不够，资金占用成本高等问题。比如，一家品牌店介绍说今年流行粉色，于是传统服装企业就按照粉色备好明年的出货，然而明年将会流行什么是很难通过技术手段预测的。

但对网红店铺来说，网红恰恰就担任了品牌潮流引领者的角色。因此淘宝网红店铺库存往往很少，他们不需要提前备好充足的货源，从选定潮品到最后送达消费者手中，一般10天左右就能完成。

3.超级买手模式

网红为消费者呈现了一个吸引人眼球的消费场景，网红穿着原创衣服在特定的场合出现，粉丝们会感觉其风光无限，仿佛自己只要穿上了这件衣服，立即就能像网红一样引来无数关注的目光。

此时网红孵化公司会迅速将消费者的想象变成现实，定制版、限量版、手工制作、个性衣橱……这一切实在是太美好了。孵化公司需要做的就是让他们想象自己很美好，这样消费者才会容易冲动埋单。

保持网红的活跃度：孵化公司提前生产出“剧本”

网红经济最后还是要回到商业的本质。现在很多人对网红经济进行了不同角度的解读。有些人比较急功近利，不注意打造网红品牌，他们所做的，无非就是尽快将社交资产变现。

前面已经说过，打造有影响力的品牌才是网红经济可持续发展的途径。而网红与孵化公司合作，更有利于打造出达人品牌。

在网红与孵化公司合作模式下，孵化公司可以为网红保持活跃度提供很大帮助。据调查发现，后期孵化公司对网红保持活跃度的帮助体现在以下三个方面：

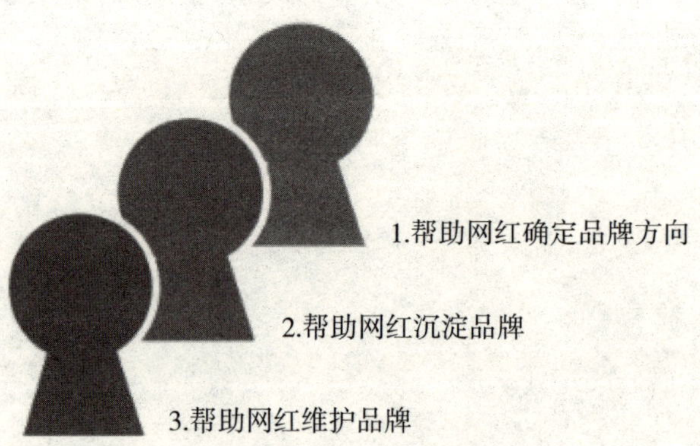

1.帮助网红确定品牌方向

网红与孵化公司合作打造品牌，关键是双方就品牌方向达成一致。比较普遍的做法是：孵化公司从网红的专业技能中延伸出通用技能，将品牌方向聚焦在这个通用技能上面。

“奶茶妹妹”是为大家所熟知的网红，如今更从网上走到了电视里，特别是她成为刘强东的女朋友以后，尽管少有露面，也很少花时间与粉丝互动，但有极高的关注度。

奶茶妹妹的持续爆红，我认为关键是拥有一个独特的标识：清纯。跟其他网红不一样，奶茶妹妹以其清新的形象走进了粉丝们的心中。

而品牌是以什么形式出现的？特点鲜明，震撼力强的标识最容易为人们记住。比如，耐克的标识是一个大对钩，苹果手机的标识就是一只被咬了一口的苹果。

奶茶妹妹个人品牌的推广最初发生在猫扑社区。当时，猫扑社区的运营经理发现有很多人在猫扑上用奶茶妹妹的照片回帖，照片中，她身着白衫，手捧奶茶，带着清纯的微笑。

品牌的传播需要标识，于是猫扑社区的运营经理当即决定叫她奶茶妹妹，猫扑找来一位写手，让他写一封求爱信。这位写手发表了那篇著名的《哥散尽全部家当求此女》，帖子中同时贴出了奶茶妹妹那张照片。于是奶茶妹妹迅速爆红网络。

清纯、知性，就是奶茶妹妹的品牌方向，而这个品牌定位，是网络推手——猫扑社区完成的。

2.帮助网红沉淀品牌

一个新晋网红就号称自己是知名品牌，那是噱头，不是真正意义上的品牌。真正意义上的品牌需要时间的沉淀。即便是现在火得一塌糊涂的“papi酱”，是否能持续火爆下去也需要观察。网红个人品牌也好，与孵化公司合作打造品牌也好，一样需要时间的沉淀。

在视频网站上搞出格的举动，以出位来博取眼球而走红，这不是品牌；你写100个段子，每个段子都有人关注，这是积累，也不是品牌；你在微博上分享心得，连续5年都有忠实的读者群体，只要他们一看到这样的文章，马上就会想到你，这才是品牌。

无论如何，打造一个有影响力的品牌都需要时间。也许有人会说，“罗辑思维”才运营几个月，就吸引了5000多个收费会员，6个小时入账160万。但你要知道，“罗辑思维”之前的职业是资深媒体人，读过很多书，做过很多有影响力的节目。“罗辑思维”这一品牌也是时间沉淀的结果。

致力于打造有影响力的网红孵化公司，最有耐性打造网红品牌。帮助网红设定选题方向、告诉网红在与粉丝互动时应该注意些什么、每天应该在社交媒体上传输什么信息……总之，网红与孵化公司合作后，公司不仅不会让网红沉寂，还会想方设法保持活跃度。因为在信息和花样翻新速度不断加快的今天，沉寂就意味着淡出人们的视线，粉丝们是很健忘的，如果你不能随时与他们保持联系，他们会转而拥抱其他网红。

3.帮助网红维护品牌

在互联网还没出现的时代，人们积累个人名气的渠道无非就是纸媒、电台、电视台，但在网络时代，可以借用微博、微信、论坛、视频等工具打造个人品牌。

举例来说，著名自媒体红人“ayawawa”就非常善于利用互联网工具维护自己的品牌，她很早以前就是猫扑网的红人，后来成了天涯十大美女之一，现在转型为情感专家。她坚持写文章，每篇文章的阅读量均超过10万；再比如“留几手”以前在豆瓣上就是个非常著名的写手，后来借用微博使自己迅速火爆起来。不仅限于微博、微信公众号、论坛等，他还充分利用网络传播工具，不断参加各种活动，以此进一步强化自己的品牌影响力。

所以，要维护自身品牌，就必须熟悉使用网络社交工具，必须学会在自媒体上展现自己、分享自己，从而保证自己的知名度持续稳定。

不过，需要指出的是，单凭自己来支撑起一个人格属性品牌的网红还是很少的。所以，如果你属于颜值网红的话，我们的建议是你最好极力配合背后的孵化团队，花更多的精力去展示自己。如果你不知道应该发什么内容、应该如何向观众展示你独特的一面，孵化公司会给你提供帮助。总之，要尽快将自己的品牌建立起来。

对大多数网红来说，最稳妥的方式是找合作方去共同孵化品牌，不要自己硬闯。因为从整个内容生产，到内容推送、专业拍摄、情景模拟等环节要求很高。你只要做最擅长的事就可以了，有了团队的帮扶，你的品牌才更可能持久。

案例：粉丝网互动3.0战略——打造网星工场

今天的互联网，“社交”与“开放”是两大不可回避的主题。社交网络将现实活动搬到线上并汇聚起来，而开放则向外界提供平台和市场机会。

网红花在社交网络上的时间越来越多，网红如何充分利用社交网络来吸引和黏住粉丝显得至关重要。以网红打理社交账号为例，借助于专业运作团队，依靠庞大且活跃的社交网络用户、成熟的关系链，能够协助网红大幅节省成长所需的时间。

2016年4月15日，在旨在打造网红经济产业链的创客大会上，粉丝网的CEO刘超表示，网红的表述已经不能确切地描述这一群体了。比如，“罗辑思维”、“咪蒙”、“留几手”等，他们在社交媒体上几乎尽人皆知，他们应该被称为“网星”。网星与普通网红的最大区别是：前者不仅能持续生产优质内容。还在社交网络上有超高的人气，而且有持续保持超高人气的内容支撑。刘超还认为，下一个时代必定是网星的时代。

刘超认为，只有两种类型的网红能成为网星：一类是有着超高的网络人气，同时具备持续生产优质内容的能力的网红；另一类是那些能够使用最具活力的网络平台和最新的技术与粉丝互动的网红。

随着移动互联网技术的迅猛发展，信息传播媒介格局发生了翻天覆地的变化，信息传播的方式也从一方的被动接受向双向互动的方式转化。包括微博、微信、QQ空间，实际上在做的就是双向互动，把发生在每一个沟通、对话中的信任，汇聚在了一起。不能够适应新媒体技术变革，不擅于在社交媒体上运用全新信息技术的人必将被时代所淘汰。刘超要做的就是充分利用前沿信息技术，进一步挖掘粉丝经济价值，打造粉丝互动3.0平台。

粉丝是本质，是信仰，是一种心灵寄托。粉丝经济，是架构在粉丝和被关注者关系之上的经营性创收行为。网红经济不是花钱雇一大堆网红为自己撑场面，更不是只要长得漂亮就行。网红会玩自媒体、会讲故事还不够，如果你没有持续产出优质内容的能力，对不起，粉丝很快就会将你忘记。难道你以为郭敬明、韩寒之辈只会秀偶像气质？

很多人以为，粉丝经济就是赚粉丝的钱。可粉丝再忠心，也不是傻瓜，他们之所以热捧《小时代》和《后会无期》两部电影，肯定不全是冲着郭敬明、韩寒两人和电影中明星的面子，还有部分原因是他们能从电影中找到共鸣。

刘超的粉丝网在两个方面开展工作：其一是打造明星网红。明星是红人，但不是网红，明星具有超人气，但其短板也显而易见。比如明星无法利用网络工具实现与粉丝互动，Angelababy发一条上海话加英文的短视频，在网络上的关注度不一定能胜过“papi酱”。不管时代如何变换，网红如何玩噱头，如何懂得怎样讲情怀、理想，都必须拿出实质性的东西，这样粉丝才更容易为你推荐的产品埋单。其二是打造草根网红。对于那些有潜力的网红，刘超的粉丝网愿意提供音乐、影视、综艺乃至商业代言的机会。

粉丝网与传统明星的合作，体现在为这些明星挖掘自身的话题性和内容属性。比如，粉丝网打造的全明星直播互动平台，在内容、媒介、技术和商业模式上都做了全新的布局。“我们以明星为核心拓展了立体化的明星直播内容，到目前为止，其直播场次超过了30000场，在全国范围内投资了20万块互动屏幕，通过VR/AR等新技术对直播系统进行升级，以游戏为切入口和影视公司合作进行影视IP的立体化运营。”刘超在谈到与传统影视明星的合作时说道。

05 第五章 网红的活跃平台：聚集粉丝的“圈粉”大战

自媒体时代带给我们全新的社交场景，同时也为网红挖掘、吸引粉丝提供了多种途径。QQ空间、微博、微信、社交网站、论坛社区等平台都是网红聚集人气的地方。一时间，歌手、模特、主播、自媒体人等，都在各自的圈子中，凭借引爆点，在社交和商业上做了更多的探索。他们都在向自己的潜在粉丝展示不得不关注他们的理由。

社交网站：利用相似的兴趣爱好、需求聚集粉丝

所谓“物以类聚人以群分”，有着相同兴趣爱好的人最容易聚集在一起。在自媒体时代，借助于网络工具，将自己的兴趣爱好、关心和需求，通过技术化手段在网络上推广，就能引起共鸣，就能吸引一批有相同兴趣爱好的人参与。

网红聚集粉丝，首先要确定方向，找到自己的精准定位。无数的段子手，无数的大咖，他们吸引聚集粉丝的方法，无非就是引起共鸣，从而带来粉丝效应。

一些专业的社交网站，是吸引有着相似兴趣爱好者的理想场所。比如，一些运动、旅游类社交网站，这两类网站的优点在于平台用户对某一领域拥有相同的兴趣爱好；再比如，科普类社区网站，一些具备自身才能和专业知识的人，能够在这类平台上持续输出优质内容，在以内容为王的网红经济时代，优质内容的输出会吸引各类有知识需求的粉丝，而且这类粉丝群体数量庞大，黏性也很强。

网红的成功不具有复制性。比如，“罗辑思维”每天发60秒语音，就能吸引几百万粉丝，那是因为他之前有着雄厚的根基，每天都能输出令人耳目一新的内容。持续地输出干货内容，没有之前的积累是做不到的。有人只看到科比在篮球场上的华丽表现，却没有看到其背后的努力。对此科比说：“你知道洛杉矶凌晨4点的样子吗？我在别人还在睡觉的时候就开

始练球了。”许多想成为网红的人只看到了别人华丽的一面，却对他们背后付出的努力不加以关注。有些事或许有捷径但比捷径更重要的是跨越捷径的能力。

粉丝只看到网红风光的一面，却不知他们为了这短暂的风光在背后所付出的巨大努力。一位网红说道：“别小看在微博旁边附的一张图片，这张图片可是经过精心挑选、制作出来的，网红发图片是有目的的，可不能随意马虎。”

网红的“吸粉”方法很多，单从在社交网络上发内容来说，首先要注册一个辨识度高的超级标签，其次在内容形式上要善于犯傻，要善于拿自己开涮。

以下是网红吸粉的三种方式：

1.在社交网站上传播有价值的干货

在自媒体内容风口下，你要写出人们喜闻乐见的干货文章不重要，况且，即便你写出了价值很高的文章，要找到愿意读干货的粉丝也并不容易。而内容要传播出去才有意义，好的内容一定要想方设法在多个平台推送。

在今天，要想了解社交网络需要花费更多的时间，前天崛起的是QQ空间、人人网、天涯论坛，昨天火爆的是微博，今天微信又成了传播信息的主阵地。投入在一家平台的时间和精力尚未得到回报，另一家平台又异军突起。有价值的干货文章，不要被动等待别的平台转发，要主动寻找渠道传播出去。

分享有价值的干货文章，总能圈住一些粉丝。但我们想知道的是，是什么样的因素推动着分享发生作用，并推动着粉丝从中获得期望中的结果。

笔者以前加入了一个老校友群，是15年前的高中校友集合，里面绝大部分是陌生人。一天，笔者在群里请教了一个关于理财的问题，有一位群成员很快做出了回应。这位成员笔者并不相识，在校友群日常的沟通中他很少发言，笔者对他无从判断，不知道他的意见是否能作为参考。这时，同在群里的一位理财专家为那位成员作了一个介绍与肯定：“他说得对，他在这方面的业绩相当抢眼。”这位理财专家恰好是我的同学，于是，笔者采纳了那位成员的建议，购买了一份理财产品。

在这个案例中，那位成员提供的是有价值的经验之谈，可惜的是，这位成员无意于吸引粉丝，不过我们从中却可以看出干货的价值。

2.在社交圈子里发光

在今天，公众社交账号与自媒体的大规模兴起，带来了信息流动与传播的巨大改变，也带来了新的呈现形式与使用方式。干货创作者将文章、应用等分享或发布在自己的账号里，以期引起圈子里的成员关注。

要想吸引粉丝，就要学会公关借势即借势行业大号，当然大号也不会轻易转发你的文章。首先你要写得很好，其次你得跟大号有私交，他们才愿意帮你转发。在社交网络上，专业人士的信赖和推荐是你“涨粉”的助推器，不过，要想与这样的人有私交，耗时会比较长，这不仅要求你有写干货的能力，还要求你有公关的才能。

在移动互联网时代，很少有人愿意写长篇大论的干货，即使有干货也很少有人会看，但是只要有人进去看，那么他就有可能成为你的深度阅读用户。因此，因此现在要做的就是让大咖看到你的文章，这里的关键就是让大咖注意到你。

接下来要想办法争取自己微博号的曝光。经常混圈子的人都知道，要想在圈子里发光，必须得多跟别人互动，提出一些建设性意见。如果有机会与大咖互动，那就太好了。参加一些大咖组织的各种社群，不仅能分享干货，还能带动微博粉丝增长。

3.多做付费推广

优质的内容、加入有价值的圈子，虽然对“涨粉”有帮助，但速度较慢，“涨粉”效果不明显。这时，你可以考虑付费推广，这对“涨粉”能起到巨大作用。付费推广的方式有很多，比如“微博粉丝头条”、“粉丝通”、“推荐我自己”等。据研究，“推荐我自己”这个功能非常适宜传播干货文章。在这里如果你愿意每天付出50元，那么你就能换回50个粉丝，而且这些粉丝都很精准。要知道，目前网红孵化公司在买粉丝时，花费需要20元左右。如果你想做自媒体，付费推广值得考虑。

在个性张扬的时代晒颜值、博眼球

高颜值为人们所津津乐道，无论是“白富美”的青春女孩，还是如宁泽涛这样的“小鲜肉”男孩，都能引来超高的关注率。晒颜值、炒绯闻、扒隐私，都能“一举成名”。

目前活跃在视频直播平台的美女主播们，是很多男性粉丝心目中的偶像，他们幻想着有一天女神能成为自己的女友，于是美女在视频直播中一发嗲、一卖萌，马上就能收到来自男性粉丝的礼品。

刷微博、拍美照、飞欧洲、赴海滩……一会儿在高档会所悠闲品尝咖啡，一会儿又到了地中海沙滩享受日光浴，网红每天忙碌而享受着。

在自媒体时代，不只是高颜值的人才能成为网红，时尚达人、专业医生、论坛写手、健身教练等，都是最有可能成为网红的一群人。通过对网红的梳理，我们发现，网红快速成名的方式大体上有以下几种：

1.经常上电视娱乐节目

经常看电视娱乐节目的人都知道，诸如《非诚勿扰》类相亲节目、《中国好声音》类选秀节目，都能迅速引起人们的关注。

现在的时代是一个泛娱乐化的时代，娱乐已经成为人们生活中不可或缺的一部分。而且，民众在社交网络中获得的媒介权利，不论它有多大、能够覆盖多少人群，都不可避免地在发生作用，尤其是结合自媒体的互动推广，你会发现自己的粉丝数量在噌噌上升。

如果有电视台邀请你做某个娱乐节目的嘉宾，那么你一定要利用好这个机会，这是你迅速聚拢粉丝的大好时机。有一个女孩曾经对我说："××电视台叫我去相亲，我不想去。"我跟她说："这其实是一个机会，你不是想成为网红吗，这是吸引粉丝的最好机会，再说了，万一你在这次机会中找到了自己的白马王子呢？"

湖南卫视《我是歌手》节目吸引了不少观众的目光，在腾讯微博上，有一位观众写道："好久没看电视了，最近听说了《我是歌手》节目，便上网查看。听到黄贯中的《海阔天空》，眼泪禁不住往下流，听得十分感动！"

每次《我是歌手》节目播出时，微博上都会讨论，随着收视的走高，人们会对节目中的素材进行评论、分享、贴标签、评分或者排名。试想，如果你恰好是这档娱乐节目的当事人，那么你将会在这一档节目中收获多少粉丝？

2.以出书来提高自己的知名度

郭敬明、韩寒的粉丝数量都是千万级别的，他们累积粉丝的法宝就是出书。他们身后都有一大批忠实的读者，这些读者都能转化成社交媒体上的粉丝。有了大批粉丝之后，他们所拍的电影，不管题材好不好，也不管剧本好不好，在千万级别粉丝的热捧下，票房轻松过亿。

在相当一部分人心目中，出书是文化人才能干的事，书代表着知识，代表着价值观和影响力。所以也有网红在粉丝多了之后开始出书，以提升自己在粉丝中的价值和品牌影响力。

3.嬉笑怒骂，不走寻常路

在社交媒体上，要想吸引粉丝，就要会说、敢于说、善于说、有目的性地去说。比如"留几手"堪称毒舌，点评的功力极深，招招致命。光这一招就吸引了几百万粉丝；再比如网红"咪蒙"，在社交媒体上发表的文章，只看标题，就感觉她“简单粗暴”，内容直击粉丝内心深处。比如《不能上升到金钱的爱都不是真爱》、《所谓情商就是懂得好好说话》、《如何对付爱搞暧昧的男人》、《致贱人：我为什么要帮你》，篇篇阅读量超过10万。因为真实，因为敢说，因为写出了某些人的心声，所以受到热捧也就不足为怪了。

现在的年轻人都有不同程度的压抑感，“咪蒙”文章的表达方式就是要解放压抑，只要说出实话就会轻松。这高度契合了粉丝的内心需求。

没什么新意的平铺直叙是不受待见的。这就是那些搞笑、夸张的言行举止受到关注的原因。如果你连嬉笑怒骂都不会，那你会被认为是一个没趣的人。有些女生评价男生：我觉得你是个好人，背后的潜台词就是：你怎么那么没情调啊。没一点痞性，很难成为网红。最典型的例子就是王自如和罗永浩，两人一开骂，都火了。崔永元与方舟子在微博上互掐，不管谁输谁赢，都吸引了粉丝。

凭借自身才能及专业知识吸引粉丝

网红不是靠大众媒体提升知名度的，而是靠社交媒体走红的。当下，单单靠高颜值走红网络非常不容易，靠低俗搏出位吸引眼球的做法也将受到越来越严格的限制。真正能持续走下去的网红，一定是在某方面专业知识十分出众的人才。

未来，网红的核心竞争力来自于其生产内容，这种竞争能力与专业性密不可分。比如文字网红“咪蒙”以前就是《南方都市报》的首席编辑，因此她能写出那么多让读者喜爱的文章。

视觉冲击型网红是不可持续的，其生产的内容纯粹是为了好玩与娱乐，这类型的网红不会走得太远。真正能走得远的，还是那些靠专业知识制胜的网红。

比如，近年来涌现出的大批医疗网红，他们不是靠颜值获胜的，而是靠医疗专业知识，靠解决患者实际问题获胜的。医疗网红往往是国内三甲医院的顶梁柱，是医生群体里的知名人物。

医疗网红大多数靠微博出名，其运作模式主要为微博 + 医疗专业平台。而且大多数医生网红都会使用医疗专业网站，如“好大夫在线”等。在“好大夫在线”这个平台上，目前已经聚集的专业医生有10万人左右。

“急诊科超人”于莺拥有300多万粉丝，她自2011年10月开通微博后每天都会与网友分享医院趣事，经常在微博上自嘲，令众多网友直呼有个性，被网友亲切地称为“协和姐”。

于莺的形象与人们心目中传统的医生形象不一样，传统医院里的医生被认为是严肃、刻板和不苟言笑的，而于莺给人的感觉是犀利、直率、幽默且富有爱心的。2013年，于莺从北京协和医院辞职后，便去了台湾考察学习并结交各路朋友。

2015年4月，于莺以合伙人身份加入一家民营诊所，她担任门诊部主任一职。她表示，目前的医疗市场正在向民营资本开放，她想通过自主创业来体现自身价值。

不过，像于莺这样在短时间内粉丝大幅飙升的现象还是少数，大多数医生是靠自身专业性常年积累才红起来的。

当然，拥有专业知识的网红也必须要以人们喜闻乐见的方式传播知识才能红得起来。比如，中科院院士讲量子物理理论，理论里面全是一些高深的专业术语，院士讲解的方式是传统的灌输方式，与听课的人也没有互动。尽管非常专业，但成不了专业网红。

然而，华中科技大学电子与信息工程学院的副教授苏钢一不小心就成了网红。

苏钢在一次讲解“优先权编码电路”的知识点时，将一个知识点引入课程：在医院里，面对患感冒的美女、骨折的姚明、脑震荡的张学友，医生会选择先救谁？答案当然是先救治脑震荡的患者。这个例子一下子就让学生们记住了优先权的概念，而且不容易忘记。

还有一次，苏钢在讲解“隐含表法对状态化简”的知识点时，要使学生在短时间内理解复杂的知识点非常不容易。其中“不能直接判断为‘等价状态’”这一抽象表述，苏钢将其形象化地比作“超级女声”选拔过程中的“待定”状态，学生们的疑惑瞬间烟消云散了。

许多人不明白为什么厦门大学易中天的讲座那么受欢迎，无论是在武汉大学还是在厦门大学，听他的课的学生都是场场爆满。其实他是在寓教于乐，幽默、犀利、接地气，将网络流行语、时尚元素巧妙地嫁接在知识点上，一改传统教师的古板形象，自然大受年轻人的欢迎。

比如，他称诸葛亮是帅哥；在讲中国人有恋母情结时说：“中国人的恋母情结很深，从‘慈母手中线，游子身上衣’到‘世上只有……’”他不把“世上只有妈妈好”说全了，只说“世上只有”几个字时就顿住，因为很少有人不知道《世上只有妈妈好》这首歌的；他还经常调侃历史名人，比如，他评论《三国演义》中刘、关、张桃园三结义时说：“演义中说刘备、关羽、张飞‘寝则同床，恩若兄弟’，那么请问他们的夫人睡哪里？”此语一出，便引来观众大笑。

即便是最专业的知识讲解，也能通过引入场景的方式让其变得生动有趣。如果一个老师仅仅讲解书上的例子或者对着教案“背书”，学生们会感到枯燥。其实以接地气的互动方式完成知识的传输和吸收，是最佳的方法。可惜，我国大部分的教学还是采用了灌输的方式。

如果你能把专业知识包裹上时尚元素，以生动活泼、易于接受的方式呈现出来，那么你就能迅速聚集人气。

创造和分享朴素的情感容易引起粉丝共鸣

社交网络上，在创造内容、分享信息、讨论互动，一连串的动作中，创造和分享是最重要的。信息一旦被发布出来，即已传播受众。产生的作用或大或小，即使是表述方式的不同，也会造成截然不同的差异。

热点事件为什么会引起围观，最根本的原因是人们为了表达、分享自己的情感。愤怒到极点，人们想通过渠道来宣泄；幸福到巅峰，人们也想在别人面前炫耀一番；感动得一塌糊涂，人们也想写一点有关人情冷暖的文字……在社交网络中，一些信息会受到特别对待，大家更乐于参与、分享、发布、转发和评论它们。聪明的网红会从中找到他们“圈粉”的对象。能够引起粉丝共鸣的两大因素如下：

1.朴素的情感

爱心的传输在自媒体上最容易引起粉丝共鸣。如你所见，微博上一条“朋友受伤需要献血”或者“寻找丢失的小孩”的信息总是能被大量转发，哪怕是自己帮不上忙，也会善意地写上一句“希望能帮上忙的人可以看到”。早期在互联网上，还多次出现过网民自觉挺身而出，协助农民渡过因信息、渠道不畅导致农产品滞销的难关的现象。

社交网络的崛起，极大降低了公众表达爱心、参与公益慈善的门槛和成本，哪怕是一个简单的转发动作，也是在进行一场“正能量的传递”。

在国外，很多网红都是借助社交网络传递正能量的，他们都是行业的公共意见领袖，是推动国家正能量的主力军，并且已经从私有领域进入了公共领域当中。我国的网红当前也从以往的娱乐大众领域中走了出来，跟上时代的步伐，把握当前的社会新闻敏感点，向大众传递正能量，使整个社会更加和谐。河南小伙余润泽、徐铵都没想到，由他们演唱的歌曲《习大大爱着彭麻麻》在网络上火了，连续5天，视频点击量突破2000万。另外还有诸多传递正能量的作品，如《村长开会》等，他们的作品都是根据当前热点话题进行创作，非常接地气，而且都宣传正面、积极向上的思想，深受广大民众喜爱。

热点事件往往会引来大量网民的关注，但是热点也不是简单做个呈现就可以了。发现热点后，怎样让网民关注和转发，进而达到“增粉”的目的呢？你可以从热点里找到不一样的视角或者通过综合性报道对整个事件的来龙去脉做一个详细的梳理。分析越理性，就越有可能引起一部分理性网民的关注。这部分理性思考的网民，就是你吸粉的目标人群。

2.粉丝的关怀

粉丝的经营也包括让粉丝来帮你圈粉。有些人一提到“增粉”，首先想到的是从外部去寻找粉丝，其实，利用现有粉丝也能为你的“涨粉”提供极大帮助。据研究发现：一个忠实的粉丝可以为你的账号增加10个真粉丝，不过前提条件是你要有持续的优质内容产出，这样你才有可能实现粉丝的滚雪球式增长。

想一想这样的情景：你的朋友对你说，他发现了一个特别棒的账号，不但为你提供干货内容，而且对你提出的疑难问题，每次都亲自回复。当你听到这些的时候，你是否有兴趣关注一下这个账号呢？我想答案是肯定的。经过时间的沉淀，有一些粉丝会离开，但更多的粉丝会留下来成为忠实粉丝。

对“死忠粉”的经营是“涨粉”的关键，特别是在你的粉丝规模还不是很大的情况下，你要以自己的爱心培养一批忠实粉丝。具体的做法有时候很简单，比如节日问候，在生日时送上祝福，亲自回复粉丝留言等，都是行之有效的方法。

案例："留几手"——独特的虐骂式点评走红网络

"留几手"堪称微博上的奇迹，目前他的微博粉丝数量超过1000万，走红的原因就是在微博上为网友照片进行点评、打分，独特的虐骂式点评，外加放荡式的调侃，成了微博热门话题。

在微博中，"留几手"自称"微博第一鉴美师"。刚开始时，网友就是冲着这个名头发照片求点评的。哪知"留几手"的点评毫不客气，毒辣、粗俗、不留情面。打分时，偶有长相格外清纯可人的女生，才能得到四分或是五分的"高分"，大多数"有幸"被点评的人只会得到极少的分数甚至是负分，可求点评照片的网友还是不怕被虐，纷纷要求"留几手"点评。

"留几手"在点评一个女孩的照片时说道："看到你，我想起我了中学时前桌的女孩，瘦瘦小小的，总爱拿铅笔点点我让我给她讲数学题；总爱睁大眼睛问我怎么认识那么多单词；总是在放学过马路的时候，在寒风中站在我的身后，用小手拉拉我的袖子让我小心车。像一只乖巧可爱的小狐狸伴随在我身边又不敢靠太近，在你身上看到了她的影子，我给你3分吧。"

比如，"留几手"的毒舌点评一名照片中头部负伤的年轻男网友：

“兄弟，都一只脚踏入鬼门关了，也不忘来求个点评？建筑工程毕业的你……毕业后插队进了城管大队，平日嚣张跋扈、作威作福……遭到村民的负隅顽抗，一顿点炮飞脚腰被打断、腿被打折……拿好负分，安心上路吧。”再比如这个：“沙县小吃切墩的，跟服务员搞破鞋，被其表哥发现，差点连夜打断狗腿。当晚你握着他的手说：‘我要闯出一片新天地。’你连夜爬上火车，来到厦门，5块钱买了一张鼓浪屿轮渡的船票，前列腺憋大的脸上浮现出了对命运的不屈和抗争。你发了一条彩信：我在澳门，混不好我就不回去了。0分，送给你这样的真男人。”

很多人看到这一现象，觉得点评的网友是自取其辱，然而奇怪的是，那么多的网友都有“受辱需求”。“留几手”对此的解释是：“有人怕得罪网友，这不敢说，那也不敢说，总想着讨好别人，然而事实是想讨好所有人，那么你就谁也讨好不了。”一方面，有人享受被虐的感觉，另一方面，那些看热闹的人也对此津津乐道，看到那些平时高高在上的帅哥美女被丑化，感觉很“解气”。

应该说，“留几手”的点评是独特的。偏激也好，尖锐也罢，他塑造出的性格极为鲜明，网友看他的点评，大都喜欢他真性情的流露，网友一般的心理是讨厌喜欢左右逢源的人。恨“留几手”的人不少，但同时喜欢他的人也不少。

“留几手”走红，离不开自媒体时代“娱乐至死、藐视权威”的网民心态。他既嘲笑混不出个名堂的底层人民，也嘲笑装腔作势的“上流社会”，尤其对那些从底层一步步走上来的白领大加嘲讽，嘲讽别人的同时也嘲讽自己。从语言风格上来看，机灵轻佻，并夹杂着大量粗俗不堪的语言。

其实，“留几手”的评分并没有多少人当真，人们权当是娱乐。他作为“微博第一鉴美师”，其重心不在鉴美评分上，而在文学创作上，并以滑稽的小品表现方式呈现给大家。

“留几手”相当看不惯装出来的“高富帅”和“白富美”。无论让他打分的男女主角多么漂亮帅气，一旦他认为他们是在装，他就会毫不留情地予以揭穿，当然有些人或许不是装，但只要“留几手”这么认为了，他就要毫不留情地虐这些人。当观众看到一个光鲜亮丽的人被踢屁股，这样的喜剧效果就契合了观众心理。比如相片中的帅哥美女成了“桑拿小姐”、“干女儿”、“6线城市青年”。这哪是鉴美，分明是在导演一场小品嘛，以这样的方式点评，想不火都难。

从另一个角度来说，上传照片找“留几手”点评，这本来就会形成一种众多人参与互动的局面，加上话题和形式有着极大的娱乐性，关注者又多，怎能不吸粉呢?

那么“留几乎”是如何“吸粉”的呢?

1.引发讨论

上传照片被点评打分后，必然会在他原本的微博社交圈子引来讨论：越是私密的话题越容易引起人们的关注，从而引发人们在社交圈里的争相转发。比如，朋友说：“哎呀，你装，在‘留几手’面前露馅了吧？我早就说过你应该化淡妆的，我也上传求评分，一定完爆你！”

2.针对不同人玩出不同花样

“留几手”针对上传照片者的点评，不堪也好，粗俗也罢，其特点就是“量身打造”。纵观“留几手”的点评，绝非泛泛而谈的漂亮、帅哥之类的似乎适合绝大多数人的点评，他能够针对不同的人玩出不同的花样。而且这种量身定做的VIP服务，可不是每次都有机会享受的。这就如同买了一辆限量版的高档轿车后，恨不得全天下的人都能看出自己的品位与众不同一样，这叫性格，“留几乎”正是通过这种方式来展示存在的价值观。

3.巧妙的故事植入

“留几手”在点评照片时都有虚构的故事植入，对于围观的微博用户来说，转发和观看都是一次消遣。这些故事都是以现实生活中普遍存在的受人们关注和吐槽的典型，正是这些看似调侃的故事引起围观者的想象，进而与实际生活中的一些人联系起来，甚至是与网络中认识的人联系起来，这就给围观者提供了一个表演和被关注的机会，因此许多的网友乐意参与其中。

当然，“留几手”吸引粉丝也不纯粹是为了娱乐，其最终目的还是为了赚钱。据说，他在微博上发一条广告，价格在万元以上。“留几手”坦言：“如果广告内容和我的文章特别贴合，而且在微博里植入广告特别和谐，我会考虑做，如果是打一条硬广告，给多少钱也不做。”

“留几手”透露，发照片求他点评的大约有三类人：一是为了迅速走红而找他点评的，事实上，很多被“留几手”点评的人都会上当天的热搜排行榜，一些小模特、小演员为了快速“涨粉”，就会来找他点评；二是有报复心理的人将照片上传求点评，这些照片不是他们本人的，而是他们“仇人”的，这些人只是想借“留几手”的点评损一损他们；三是比较有娱乐精神的，表面上看有人身攻击的嫌疑，但实际上他们就是想看小品，反正大家都知道“留几手”的点评风格就是这样的，没有多少人会将他的点评内容当真，权当一场娱乐。“绝大部分人抱着娱乐的心态，他们把这个东西看得很轻，觉得这个东西就是娱乐。”“留几手”说道。

第六章 网红经济背后的品牌本质：增加产品情感溢价

传统的品牌塑造方式是先有产品，然后才逐步打造品牌；而网红经济模式下的品牌打造，则是先有品牌和定位，然后再以这个定位寻找产品。在实际的操作中，网红因为持续地塑造某个形象，实际上已经具备了品牌价值，并且已经成了某个品类的代表。

品牌商越来越青睐于请网红代言

互联网时代，大家都在谈颠覆，传统的商业模式遭到电商的颠覆，网红经济的出现，也颠覆了传统电商的运作模式。随着社交化营销逐渐主导市场，各品牌商越来越青睐于网红经济运作模式。

网红的影响力正在日益显现。服饰推荐类微信公众号“黎贝卡的异想世界”拥有近45万粉丝，推送的相关文章阅读量可以轻松突破10万，该品牌估值高达1000万美元；游戏主播董小飒的淘宝零售食品店仅肉松饼月销量就高达4万件。阿里巴巴CEO张勇盛赞网红经济为“新的经济现象”，并表示：网红代言的品牌将会越来越多。

网红经济的出现，已经远远超越了博取眼球和新闻话题的社交互动层面，强大的变现能力逐渐让网红取代传统平面、电视广告，成为品牌青睐的合作对象。

品牌以前都青睐明星代言，而“倩碧”全球商品创意设计资深副总裁梅丽莎·纳普表示，未来在美妆领域的品牌代言人，应该是在网络中有巨大影响力的人。“倩碧”品牌的代言人就是一位时尚博主，名字叫章凝，她目前是澳大利亚最有影响力的时尚博主之一。章凝在读大学的时候就开始玩微博，经常在微博上分享时尚观，引来大量粉丝围观和争相效仿。而“倩碧”正是看上了章凝逐渐走俏的粉丝群，才将其签约为2015春夏全球代言人。

梅丽莎表示：网红要想接下美妆品牌广告，不仅要有媲美明星的知名度，而且还要有运用社交媒体与众多粉丝互动沟通的能力。以前的美妆品牌青睐于让知名模特和大牌影视明星代言，而现在则更青睐于让拥有庞大社交媒体粉丝的网红代言。

我们看到，目前品牌代言仍然是明星居多：大S为“珀莱雅”代言、徐若瑄为“自然堂”代言、刘亦菲为“温碧泉”代言、高圆圆为“Olay”（玉兰油）代言等。虽然这些名人在一定程度上可以吸引大家购买美妆用品，但是从消费者的角度来说，现代的年轻人更在意的是参与。与其花大价钱请来一线明星做代言，还不如请一些大牌网红来做品牌代言。不但花费少，而且更容易为消费者所接受。

比如，著名品牌“雅思兰黛”历年来所有代言人都是全球时尚界、美容界名人，其中不乏好莱坞巨星，比如伊丽莎白·赫莉、卡洛琳·莫菲、格温妮丝·帕特洛等。而现在，“雅思兰黛”找了一位时尚博主代言，她是一位美籍韩裔模特，名叫Irene Kim，她被“雅思兰黛”称为品牌第一位“全球美容亲善大使”。

除了一些影响力大的博主之外，各商家也开始签约一些深受大家喜爱的网红来为自己的品牌代言。比如“雅格丽白”就找了“第一民间美女”张辛苑代言。张辛苑最初在豆瓣上上传自己的照片，渐渐人气高涨，除了美丽的容颜，其精彩的生活、独特的个性、对电影音乐文学的喜好和乐于分享的精神吸引了众多粉丝的关注，最后还上了某高端杂志的封面。

在互联网时代，品牌广告走“高大上”路线，结果只是赚到了吆喝，却换不来红利。如今，一向以高贵面孔示人的奢侈品牌，也开始放下架子，走平民化路线。目的就是要让更多的普通用户参与进来。

对粉丝经济来说，自己参与其中的产品，才是自己的“杰作”。

中粮集团曾经举办了一个“给腰果起名字和吃货语录”的活动。先选30个队长，每个队长各自选出30个队员，由中粮给这30个人快递腰果进行试吃，并让他们在试吃后给腰果起名字，并加上一句吃货语录，最后在这些名字和语录中进行评比。决赛那天，“吃货语录”成为微博热门话题。在当天，很多的微博用户都看到了这个话题，活动结束后的几天，话题热度依然不减。

对普通粉丝而言，自己参与后，对产品的情感也更深了，更愿意主动帮助品牌进行传播。小米手机就是靠粉丝的品牌传播获胜的。

品牌的打造策略无非是三点：向谁说？在哪说？说什么？做广告的目的，一方面是为了推广产品，让产品为更多消费者所熟知，从而扩大销量，增加盈利；另一方面是将品牌符号深深根植于消费者的内心深处，比如，我最近上火了，我马上能联想到喝加多宝，这就是品牌价值。对于后者，由于网红代言的品牌更接地气，让粉丝们觉得更真实，所以更能得到消费者的认可。

随着社会环境和社会心理的变化，互联网已经渗透到了人们生活的方方面面。消费者的消费习惯和消费心理都在逐渐改变。网红向粉丝传播的不仅是简单的产品，还是一种个性化的生活方式、消费场景和个人魅力。与其说粉丝是在买一件衣服，不如说是在购买他们所信赖的网红所创造出来的生活样本。粉丝通过购买网红推荐的产品，通过口碑相传，逐渐在这一过程中强化品牌。

网红与粉丝间的互动：不是“高大上”而是“接地气”

网红经济也属于互联网经济。百度公司创始人李彦宏曾说过：“做互联网的人非常清楚，互联网变化很快，不仅有技术因素的变化，还有非技术的因素的变化。比如，粉丝的行为、消费者的喜好变化等，都需要不断地学习、不断地创新、不断地进行自我改变。”对于网红经济来说，要做大做强，关键还是在粉丝经营上。

网红与粉丝的沟通必须接地气。如果你自命清高，说话高高在上，总讲一些人人都知道的大道理，就没有人会理你。作为网红，在初步建立起自己的粉丝群体后，还要及时建立起全新的游戏规则和粉丝习惯。不懂得如何与粉丝互动，不会精耕细作，只能说明你还没有掌握粉丝经济运作的精髓。

要想最大限度地留住和吸引粉丝，网红关键要做到四点：塑造独特的性格，姿态要低、要亲民，让粉丝有参与感，激励粉丝与自己共同进步。

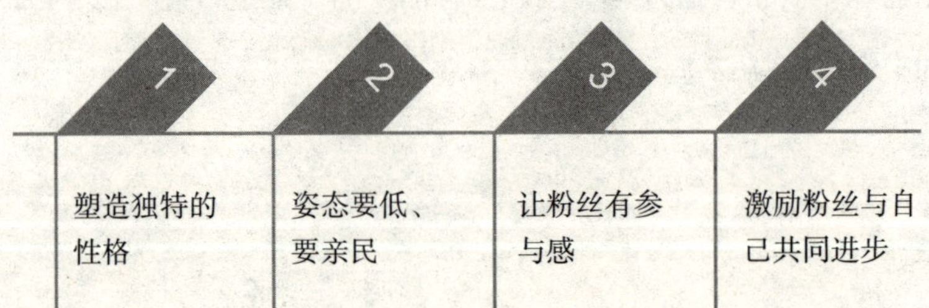

1.塑造独特的性格

网红运用自媒体，除了传输信息外，更重要的是通过自媒体塑造独特性格。今天的很多网红颜值足够，但所生产的内容质量不高。他们在微博上，今天发个笑话，明天贴一张高效图片，后天炒作一下明星绯闻，这并不会产生什么影响力。因为诸如转发之类的炒作，大家都在这么做，体现不出任何独特性。有影响力的网红，一定有着独特的性格，这种独特性，就是网红的超级符号。粉丝之所以关注你、捧你，正是冲着这个超级符号来的。没有独特的个性呈现，久而久之粉丝会弃你而去。

因此，运用社交媒体打造专属于自己的标签，就成了网红塑造性格的过程。比如，大家一看到某个点评，就马上会联想到“留几手”；再比如，大家看到一篇军事评论，马上就会联想到这是戴旭。

网红陈小颖说：“网红与粉丝互动的关键是要展现真实的自我。”我的理解是“性情流露”，是真性情，是该爱敢恨敢说。许多网红怕得罪网友，不敢发表自己最真实的想法，时间一长，让网友感觉到你是个油滑的人，跟社会上大多数人一样，都是趋利避害的主，无非就是想掏空他们的腰包。试想，他们还会选择继续追捧你吗？事实上，网红不要试图讨好所有人，如果你这么做你会发现，最终你谁也讨好不了。

坚持自己的个性，或许有许多人非常不喜欢你，但是也会有很多人非常喜欢你，不要去管那些不喜欢你的人，只要经营好那些非常喜欢你的人就够了。

2.姿态要低、要亲民

哪怕自降身价也要和粉丝打成一片。这个是显而易见的，哪怕你是知名模特、影视巨星、大型企业的CEO，除非你不想玩粉丝经济，否则，你就要放低姿态。别人说话比较不拘小节，你就少用些书面用语；别人想到哪儿说到哪儿，你就不能指出他哪句话有逻辑问题；别人只是初中文凭，你就不要拿名牌大学在他面前显摆……要在与粉丝互动的时候，让他们感觉到你是自家人，既然是一家人就不要说两家话。

其实粉丝捧你可能并不是因为喜欢你，更确切点说，他们可能喜欢你的内容而并非喜欢你这个人。比如“留几手”把那些上传照片让其点评的人说得如此不堪，很难相信他们喜欢“留几手”个人，然而他们之所以仍然是“留几手”的粉丝，并一如既往地选择支持他，还是因为喜爱他独特的点评方式。从这一点来说，粉丝选择喜欢什么类型的网红，主要是基于他们的情绪。本来就是在消遣娱乐，没有人会在意对错，如果网红干的事情恰好迎合了他们的情绪，他们就会成为粉丝。

3.让粉丝有参与感

七格格是个淘品牌，在每次新款服装上架前，七格格都会把设计图放到店铺里或粉丝群组里，让粉丝和网友通过投票评选。通过自由讨论，最终选择大家都中意的款式，再根据众人的意见进行修改，经过多次反复后，最后定款上架。可以想象，参与讨论最多的粉丝一定会成为消费者。这就是让粉丝参与进来的价值。

留住和吸引粉丝的秘诀，说穿了就一句话：跟粉丝玩起来，玩得越高兴效果越好。

2014年8月，眼看《小时代》的热度就要下去了，然而郭敬明又玩起了弹幕专场，让《小时代》重新火了一把。

所谓弹幕就是观众在观看影片时，可以通过手机编辑发送与剧情相关的评论，并且这些评论会在电影的大屏幕上滚动播出。于是，屏幕上就出现了这一幕：女主角顾里在悲伤的音乐气氛的烘托下，泪眼婆娑，她的脸上却飘过这样一条弹幕“这一段焦距没调准”“万万没想到，今天的头皮屑这么多”等。大家一边看电影，一起吐槽，当自己的言论引起哄堂大笑的时候，粉丝们是不是有着强烈的参与感？

要想让粉丝有参与感，就一定要发一些开放性的问题，不要怕争议。没有多少人会愿意讨论1＋1等于几，即便是1＋1等于3，这样的问题也不见得有多少人愿意讨论。无非就是“算错了的情况下等于3”之类的没有多少悬念的答案。网友之所以会对一个话题展开热议，是因为他们希望看到“见解独到”“视角独特”“推理严密”“结构严谨”“很有说服力”之类的反馈，简单来说，粉丝讨论话题就是为了刷存在感。

4.激励粉丝与自己共同进步

网红要对自己的粉丝群体进行循循善诱式引导，既然想要改变粉丝的行为和习惯，那就必须一步一步慢慢来。比如，有粉丝想在亚马逊购物网站选购国外某著名品牌的商品，却不知道怎么操作。这时，网红就要耐心地一步步教他，让他打开什么网页，如何浏览网页上展示的商品，如何填写订单，估计什么时候会收到货，等等。粉丝按照网红教的操作步骤，竟然足不出户轻松实现了海外购物，此时，粉丝定会想：“这家伙厉害！以后要是遇到类似的问题，请教他准错不了。”

其实，有些问题也不是粉丝一提出来你就能解决的。比如，粉丝在海淘过程中遇到的一些虽然细小但却影响很大的问题，而你又不是专业搞海淘的，你虽然知识面宽、见识广，但也有覆盖不到的地方，这时，你就可以与粉丝共同想办法。当你和粉丝一起解决了这个问题的时候，不但自己进步了，而且粉丝也进步了，这种成就感是吸粉的一种有效方法。

因此，这里需要注意的是，在激励粉丝与自己共同进步的时候，一定要与粉丝之间建立起一种强烈的参与互动关系才行，这样才能在大家互相思考、参与的过程中逐渐获得共同分享成功的喜悦与欢呼。只有参与感的进步才更能让粉丝提升互动的积极性，才能让粉丝觉得你和他们是在一起的，此外，这样也更有助于提升你和粉丝进步的速度。比如你是想吃一蛋糕，但是苦于没有做蛋糕的经历，不知道如何下手，这时候有的粉丝恰巧也和你的想法如出一辙，这时候，你就可以通过视频直播的方式，现学现做，并呼吁有同样想法的粉丝共同参与进来，进行一场蛋糕制作大比拼，由所有参与的粉丝进行评选，制作成功且蛋糕外观绝美的粉丝可以获得一次由你专门深情演唱的点歌奖励，这样就可以通过有效的激励方式让粉丝与自己互动起来，最终达到共同进步的目的。

垂直领域网红如何累积出影响力

网红可以分为两大类：大众网红和垂直网红。大众网红主要为粉丝提供娱乐或心灵慰藉，比如“咪蒙”、“回忆专用小马甲”等都属于大众网红；而垂直网红多为各个垂直行业的意见领袖或资深专业人士，如财经网红李大霄、医生网红于莺等。相比于大众网红，各垂直领域的网红具有更多的IP属性，其生命周期也更长。

从吸引粉丝的方式来看，大众网红主要靠注意力吸引粉丝，而垂直网红则靠影响力吸引粉丝。我们经常可以听到诸如注意力经济、影响力经济之类的新概念，其实，注意力经济和影响力经济一直都存在，关键还要看注意力是否持久、影响力是否深远。

那么，资本投大众网红好呢还是投垂直网红好呢？这要看不同的情况，比如，那些希望见效快、赚了钱就撤出的资本，大多会选择投资大众网红。在有利可图时就加入进来，网红吸引力不足了，就转而去寻找吸引力强的网红；相反，垂直领域的网红可能并非被人所熟知，垂直领域的网红比很多大众网红火得慢，但其号召力、变现能力、抗风险能力可能是大众网红所不能及的。

投资大众网红有风险。据一家网络孵化公司的负责人透露：“培养一名成熟的网红大约需要100万元，很多公司虽然愿意在网红身上烧钱，但如果他们发现烧钱不能带来明显的效益时，他们就会很快放弃。一般公司在网红身上砸钱的时间是3个月，如果3个月后没有预期的效果，他们就会放弃这名网红。”

投资垂直领域的网红风险则会小得多。在细分领域的某些网红，虽然只拥有几十万粉丝，但这些粉丝大多为铁杆粉丝，他们对网红的依赖度很高。具有代表性的有电商圈的龚文祥，跨界科技界和社群经济的万能的大熊，专注供应链的黄刚，等等，这一类网红基本都在自己所在的行业和领域内拥有很深的专业知识或者很广的资源人脉，他们在自己擅长的领域内不断深挖，拥有一批专业的粉丝，这些粉丝更精准，对网红的认可度更高，网红对于粉丝的影响力也更大。

从长久来说，大众型网红的寿命更短，变现的压力更大，而作为垂直型网红的生命力更强，生存的手段更多，变现的方式也更多样，因此对于绝大多数人来说，大众网红就如同明星，很难复制其成功，而垂直网红的路数，在选择了自己擅长的某一个细小领域后，完全可以被粉丝参考和学习。也正是这些出众的思想与才华吸引了更多粉丝的喜欢和关注。

其实，网红粉丝的多少不是关键因素，关键因素在于有多少粉丝愿意贡献收入。与大众网红靠颜值或个性圈粉不同，垂直领域网红的魅力来自于专业权威或职业沉淀；从网红变现的角度来看，拥有铁杆粉丝的垂直领域网红更容易组织其社群经济，衔接商业模式的路径也更为清晰。

案例：网红广告价值最大化

风险投资公司签约网红时，往往会关注网红有多少粉丝量，如果一个企业要投放一个广告，那么它一定会去找一个拥有庞大粉丝群体的网红去代言。其实，网红最大的价值不在于拥有的粉丝数量，而在于有多少粉丝愿意为其推广的产品埋单。

打个比方，甲有100万粉丝，其推荐的每款产品都有30万粉丝掏钱购买；而乙拥有1000万粉丝，然而他推广的产品，却只有5万粉丝愿意掏钱购买。那么结论就是：甲的品牌价值高于乙的品牌价值。以下就是网红广告的核心价值。

前段时间我的一个网红朋友在自己的公众号上发了一篇推荐一款多功能豆浆机的文章，结果30分钟内就销了3万台，而且每台价格高达1980元。而市场上普通的豆浆机一般也就在几百元左右。一个人在正常的心理状态下是不会买这款豆浆机的，因为随便一个商场或是购物网站，都有多款豆浆机可挑选，而且价格也比这儿便宜好多。而网红作为意见领袖，要改变的就是用户的思维习惯。当我这位网红朋友贴出这款豆浆机，并在一旁美美地享受刚磨出来的豆浆的时候，就彻底唤起了粉丝的拥有心理。

很多时候，粉丝在掏钱购买网红推荐的产品时是不理智的，网红在粉丝决定是不是要购买的时候，往往会在其背后推一把："这么极致的体验值得试一下"，"这么精细的做工，这么漂亮的外形，只要1980元，已经很便宜啦"，等等，采用类似的手段，就能迅速让粉丝产生购买的冲动。

人们不愿采取某个行动，其根本原因还是怕有风险。比如，一套非常合算的理财产品，但是却少有人问津，不是人们不想赚钱，而是想万一把钱砸进去之后血本无归怎么办，风险意识导致人们裹足不前。

网红靠自己的说服力也好、表演也好，就是要让粉丝放下戒备心理。一些视频直播美女往往在直播室一发嗲，就有数不清的男粉丝给其打赏礼品，有的甚至一次就打赏上千元，难道网红真的有这么大价值？我看不见得，男粉丝有可能在冲动之下采取了不理智的行为。

曾经有一位心理学家做过这样一个实验：他找来一群爱玩滑板的男生，并告诉他们表演时可自由选择动作和难易程度，在正式表演时心理学家发现绝大多数男生都选择了易于完成且危险性低的滑板动作。然后，心理学家带一群美女故意从旁边走过，结果发现几乎所有的男生都选择了高难度的滑板动作，甚至一些摔得鼻青脸肿的人爬起来后仍然挑战高难度。心理学家对此的解释是，为了引起美女的注意，他们愿意冒风险。

一个网红向一位已婚妇女推销奢侈品钻戒的对话如下：

粉丝："这枚钻戒确实很大气，质地、颜色也非常好，但价格太昂贵了。"

网红："确实价格有点贵……听说你老公是一个公司的副总，你为了支持他，辞去了前景不错的工作，专心在家里相夫教子？"

粉丝："是的，我老公工作很忙，找一个保姆来照顾孩子，我们不放心。"

网红："是的，不过你为老公和孩子付出太多了……为什么不犒劳自己一下，你不是说你老公单位开年会，太太们都要参加吗？你戴上这个戒指，一定会为你老公增色不少。"

粉丝："噢，这我可没去想过，不过你说得也有些道理。"

网红（趁热打铁）："你老公一定非常支持你购买这个戒指……再说了，你也应该对自己好一点。"

粉丝："那我就下单订购吧！"

平时你可能是个严谨自律的人，但在别人的一再劝说之下，你可能会有所动摇。而且上述网红的高妙之处在于让那位粉丝有"为夫争光"和"对自己好一点"的正当理由，这个时候，粉丝会觉得买一个平时舍不得买的商品是理所当然的。

因此，就像前面所说的，网红的最大价值不在于拥有多少粉丝，而在于有多少粉丝愿意为其推荐的产品埋单。而这样的价值几乎是京东、亚马逊等各种广告投放渠道所不具备的。当你在亚马逊网站浏览商品主页的时候，本来就是抱着随便逛逛的心态，自然很多东西不会买，但当网红构建起消费场景之后，情况就不一样了。

因此，做一个成功的网红，最重要的任务之一就是提升粉丝转化率，要知道，即便是粉丝没有使用过你所推荐的产品和服务，但是在你的推荐下还会在质量和理念以及情感方面对你所推荐的品牌表示认同，存在很大的互动成分。培养自己的粉丝成为"忠诚粉"，是由用户想粉丝转化的必要条件，而粉丝除了必要的忠诚度之外，还应当具备丰富的理念和情感之上的互动体验，能够与品牌内涵共同进步与发展。从用户到粉丝之间的转化率越高，那么你的品牌也就会做得越成功。互动是提高转化率的重点之一。对于营造你的品牌影响力来讲，粉丝的意义是非常重要的。首先，这意味着能够带来持续的购买行为，为你的品牌产品销量做出了贡献；其次，他们还可以对你的品牌进行积极传播，通过口口相传的力量，帮你带来更多的用户；再次，粉丝更容易将这种情感迁移到你的产品之上，能够给你的品牌延伸战略的实施带来更多的支持。

除此之外，网红广告的价值还包括快速促使成交价值。在传统营销时代，你在电视上看到“雅思兰黛”的广告时，被唤起了追求浪漫的冲动，可等你一到实体店时，却突然失去了当初那种非买不可的冲动，“还是不要买了吧，家里类似的美妆用品还有一大堆呢。”此时你会这样提醒自己。

能快速嫁接商业模式，迅速唤起粉丝的购买欲望，这才是网红自媒体最大的品牌价值。

07 第七章 移动互联时代，基于网红经济的商业模式创新

网红的出现解决了客户精准营销的问题，而且网红具有平民化的特征，其商业价值正在被逐渐挖掘。网红经济从本质上来讲就是粉丝经济，只不过网红经济在客户的精准定位方面比普通的粉丝经济更胜一筹。因为网红作为意见领袖，其营销活动针对的是特定的粉丝群体，随着粉丝消费转化率的提高，围绕网红而打造出来的商业模式也逐渐清晰了起来。

探索网红商业模式的未来：成名＋粉丝＋商业

在社交平台上，网红拥有庞大的粉丝群，这也就意味着在电商平台上，网红掌握着有巨大价值的流量。网红可以通过内容生产，依靠个人影响力连接商品和用户，实现社交资产的变现。

这种变现需要网红通过对粉丝的引导来实现。成名＋粉丝＋商业，就是这一商业模式的轮廓。

网红“罗辑思维”，在微信公众号里产生的商品交易额早在2015年就已过亿。“罗辑思维”每天都会推送一段60秒的语音，他以这样的方式吸引粉丝关注，然后在与粉丝互动的时候巧妙嫁接一条链接内容，该链接其实就是在推送产品。目前，“罗辑思维”的粉丝数量有600多万，如果10%的粉丝有去关注其所推出的微信公众号，那么每天将会有60万人打开回复的链接阅读，如果这60万人中有5%的人下单购买，那每天的交易额就相当可观了。而微信、微博电商的操作相当简单，只要稍微用心了解一下变现流程，就能轻松掌握。

随着网红经济进一步向纵深发展，拓宽营销渠道，利用各大社交平台规则实现全渠道发展，这是网红经济得以持续发展，从而进一步提升竞争力的有效途径。的确，现在无论是电商，还是微商，都必须具备互联网思维。在互联网思维的影响下，出现了更加开放的商业模式。网红经济，也是互联网经济的一种，也需要具备互联网思维，在这种思维下，各种商业模式的边界正变得越来越模糊，不同领域的相互渗透也变得愈加明显。

网红商业的盈利模式如下：

1.视频直播类网红盈利模式

通过粉丝打赏获得收入和通过在视频直播中插入广告获得收入是视频直播类网红最主要的盈利模式。关于粉丝打赏收入，前面已有详述，这里着重讲一下直播视频插播第三方广告收入的情况。

其实，在视频中插播广告的玩法并不新鲜。这就好比在电视剧中插播广告。观众正在观看电视剧，当某个剧情快要进入高潮的时候，广告出现了。不管观众喜不喜欢看，广告就砸出来了，这是一种强迫式的广告轰炸方式。现在这种方式已经行不通了，如果你在电视剧中插播广告，绝大多数电视观众就会马上转换频道或者干脆不看。

后来，有的企业就通过视频的方式来植入广告：邀请明星做节目，选择一个恰当的时机将广告植入节目中，衔接越自然越好。最起码不会赶走观众，做得好还能加深观众对品牌的印象。不过，这种方式也有缺点：一是大明星比较忙，二是要价可能很高，三是内容制作也是痛点。做一个像样一点的产品广告推广，少则花费几十万，多则几百万。而且转化率究竟会怎样，谁都没底。

而视频类网红在节目播出过程中植入广告就很有优势。专业的视频主播大约每天直播6小时至8小时，因为网红对自己的粉丝群体有研究，所以他们在聊天说话时，都会拿捏得非常到位，他们更懂得该在何时推出广告。在广告的植入上，因为有专业团队运作，加上网红的影响力，比较容易得到粉丝的认可。退一步来说，即便粉丝不买账，试错成本也很低。

2.电商类网站盈利模式

淘宝网红赵大喜、张大奕、雪梨等都为大家所熟知。其实做过淘宝的人都知道，淘宝有专门针对网红而设置的垂直入口。淘宝的核心业务是流量引入，除了淘女郎，之前的微淘、手机淘宝达人，都是淘宝平台重要的流量入口。在当年，随便一个手机淘宝达人就可以带来好几万的营业额。

网红不仅要利用好手机淘宝，还要去抢流量，只要有机会，就要导入优质数据。淘宝可以利用优质数据赚钱，而网红也可以经营自己的数据资产。

针对淘宝的营销其实很简单，首先你必须掌握推广工具，然后合理利用平台规则吸引流量，最后想办法提高流量的转化率。特别要注意消费场景的塑造，比如美女刷单、借用亲情嫁接产品诉求等，都可以使你的产品转化率得到提高。

3.社交平台循环利用盈利模式

微博营销、微信营销已经不是什么新鲜话题了，微博和微信这两个强大的工具也是网红吸引粉丝、导流和变现的重要途径。比如，网红可以利用微博导流给淘宝，利用微信来做流量和变现。不过，目前还没有网红利用微博、微信、淘宝、论坛做出一个可以循环利用的生态系统。

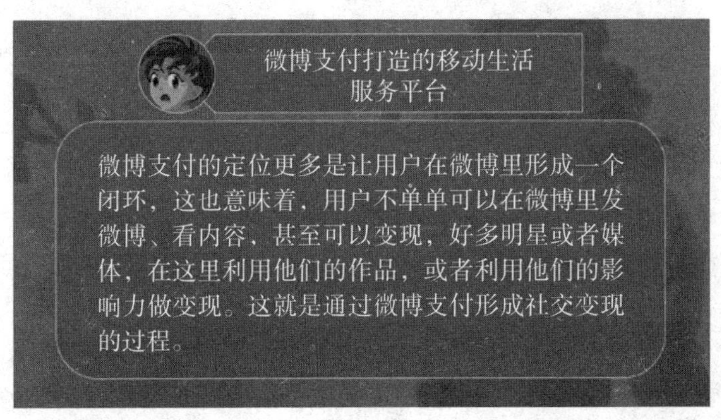

杭州一位网红孵化公司的工作人员说："要想实现不同类型网红的流量利益的最大化，就必须确定流量的转化工具和场所。经过调查研究发现：微博流量最好能导入淘宝；淘宝的流量最好能导入微信；微信流量最好能导入视频直播，而视频直播流量最好能又重新注入微博。这就形成了一个大闭环，由于网红经济处于起步阶段，各方面的运作还不成熟，不过，这依然是我们的大方向。"

正如上述所说的，网红经济目前尚不成熟，其盈利模式尚处于探索阶段，且目前的网红大都是服装、视频高效、美妆类网红，他们无疑具有极强的吸金能力，而且有相当多的网红已经从各垂直领域中获得了巨额收入。不过，在各细分领域，网红经济尚有巨大的开发潜力。比如，医疗领域网红正在兴起，财经领域的网红也在成长，但是制造业领域的网红有待开发。再比如，手机、数码相机、家电等，这些领域每年的销售额巨大，如果你经常在专业网站上发帖，就有可能成为这些细分领域的网红。

网红成功的关键：定位用户群体，进行有效社交引导

开放平台的主要作用就是面对数量庞大的注册合作伙伴不断展开各种沟通。对于网红和那些运营网红经济的公司来说，如何从社交网络中获得自己想要的用户、流量和收入，如何让网红的影响力为自己的产品和服务产生巨大的作用，就成了网红经济运营成败的关键。

要想运营好网红经济，首先要解决的就是定位用户群体的问题。我们看到有些微博大号，拥有上千万的粉丝，然而因为没有定位用户群体，也没有商业化运作手段，所以，从商业的角度来说，这个社交资产就是无效资产。比如，崔永元虽拥有几百万微博粉丝，但崔永元似乎无意打造粉丝经济，因此也就谈不上定位用户群体，更谈不上匹配商业模式实现盈利。

在网红经济中，粉丝数量的多少不是决定性因素，决定性因素是有多少用户肯掏钱购买你推荐的产品。所以，网红在聚拢粉丝的同时，还要定位好用户群体，引导好原有用户结构。

毫无疑问，目前有相当一部分网红面临着大量无效社交的问题，有效的社交才能带来交易。这也是很多微商，朋友圈几千粉丝，却没有达成有效交易的原因。

有些网红每天在微博上发布的都是一些与自己定位、业务无关的心灵鸡汤内容。而实际上粉丝关注一个大账号的目的，并不是为了看冷笑话，而是希望获得这个领域或产品的最新信息，希望能解决自己的问题，一旦

对应不上粉丝就会直接弃之而去。

有效的社交引导分三个步骤：互动——沉淀优质用户——合理转化优质用户，实现变现。

1.互动

腾讯微博运营部门经常听到这样的事情：一家合作伙伴前来接洽，希望官方能推荐自己的微博账号。运营部门更习惯向一些优质名人、内容及企业账号进行推荐。从某种程度上来说，官方推荐账号是增加受众的最快途径。但随后的问题是，运营部分很快就发现推荐的受众与账号之间存在着严重的割裂现象，即账号发布的内容、定位与用户的需求存在很大的脱节，导致了用户与推荐账号之间根本没有互动。

没有互动就没有信任，没有信任就没有交易。只有做优质社交，才能沉淀出优质用户，才能通过与优质用户的深度沟通，最后成交。

2.沉淀优质用户

网红营销的核心问题是如何构建与用户的关系。网红要想从粉丝群体中沉淀优质用户，可以借鉴小米的运作模式。

小米的一个开创性做法就是搭建起了企业和用户紧密联系的虚拟社区，在这个虚拟社区平台上，企业与用户可以实现深度互动。企业让“米粉”相信，他就是企业的一员，企业和“米粉”相互依存、相互作用。而对于“米粉”来说，这个虚拟社区，满足了自己个性化的需求，并彰显了自己的生活方式。

小米沉淀优质用户的做法是，通过梳理自己的用户来源，找到用户和企业相结合的利益点，最终看会沉淀下多少用户，这些沉淀下来的优质用户就是企业创建新的生态系统的基础。

粉丝是需要引导的，最有效的引导方式就是让粉丝坚信你是和他们在一起的，并且你是站在他们的角度上看问题的。

3.合理转化优质用户，实现变现

如果你拥有一大堆优质资源却不会利用，那么这些资源将无任何意义。粉丝经济，泛指架构在粉丝和被关注者关系之上的经营性创收行为。粉丝经济不是花钱雇一大堆大佬、粉丝为自己撑场面，更不是玩一些没有实际意义的噱头。如果你不会玩营销，不会创造产品价值，不会将真粉转化为实实在在的购买力，那你获得的只是无效流量，没有任何实际价值。

锤子科技的创始人罗永浩是玩粉丝经济比较成功的一位，他靠做英语老师发家，再靠单口相声迷倒一大片粉丝，他的粉丝都亲切地称他为“老罗”。

罗永浩很有头脑，有了粉丝的追捧后，他开始做手机，并亲自为自己的锤子手机代言，将自己的气质和情怀注入产品中，把自己的忠实粉丝转化成锤子手机的粉丝。粉丝们也真给面子，锤子手机一面市，其预订量就突破20万台。

网红精心培育自己的粉丝群体的过程，就相当于一个放水养鱼的过程，等这些鱼养大了、养肥了，就可以打捞了。

许多网红通过打招呼、点赞等行为来吸引新用户，其实，通过这种形式构建的账号几乎没有多大实际意义。网红在面对社交网络时，想到更多的是“拉新”，即获得新的用户和订单。但现实恰恰相反，关系链阻挡了拉新的速度，同时，由于新进入者与网红之间的关系较弱，要将其转化为铁粉进而为推出的产品埋单，还有很长的路要走。

那些流量本来就很大的网红需要优先打理那些有价值的关系。比如，我每天都要见客户和朋友，有些客户非常重要，而有些则不太重要，那我肯定是去拜访那些有价值的客户。一个人的精力毕竟有限，而网红也需要学会与其中最优质的人合作。

从某种程度上来说，网红的社交变现一开始是在强关系中实现的，比如，朋友圈的人购买你推荐的产品。第一波的红利获得者会给大家树立一个榜样的作用，会吸引更多企业与人群进来寻找其中的商业机会。

因此，已有的好友转化、现有用户转化总是很容易，当微博及微信自媒体公众账号希望在弱关系、陌生人中获得大批用户时，任务会艰巨得多。在这种情况下，可以优先将现有的用户转化。那剩下来的人怎么办呢？先存起来，慢慢对这群人进行经营。

在社交圈如何做好线上引流和营销工作

我最近收到一位老同学的微信留言：玉树圣地大酒店即将隆重开业，139××××××××，龚总。在此把消息转发到3个群的将自动收到80元红包。如果有假，打上边电话，先人祖宗任你骂。

因为是老同学发来的，所以我相信这是真的，我将这条信息转发了10个群，并声明自己不要红包。

朋友圈、同学圈、熟人圈，推荐出来的信息才能被自己所见。比如，朋友圈卖货的，只要听到对方有方法，不管他的方法是否真的有效，都要去看一看：他说的是不是真的。

每一条分享出来的信息，都会迅速占据所有好友的目光、时间和注意力，关系壁垒由此形成。人们愿意时刻与好友保持联系，很多人用隐身的方式挂QQ，其目的就是方便别人随时找到自己。朋友之间愿意分享的特点没有变化，之所以刷微博、看朋友圈，是希望自己了解世界，掌握更多的信息，在和友人见面时有共同的话题。移动互联网的迅速普及，使24小时在线成为现实。社交网络的推出也满足了人们希望通过不同方式和友人在一起的需求。

不管怎么样，各个社交网络中好友的数量都在不断扩张，由他们所分享出来的信息数量也在不断增加。此时，社交圈引流就显得尤为重要，以下是社交圈引流的三大传统方法：

通过好友关系
拓展社交圈子

用微博转
朋友圈粉丝

打理好自己
的社交圈子

1.通过好友关系拓展社交圈子

好友发出的信息，基本上我们都会关注；同样的道理，我们发出的信息，好友们也会第一时间关注。由此，我们获取信息的方式正在被好友们改变。而信息阅读、下载购买、产品推荐等最容易依附在信息流上，每一位用户的决策潜移默化地受到朋友们的影响，小到看一篇报道、看一部电影，大到购买某件昂贵的商品。

因此，朋友圈是最理想的引流和营销渠道。可是，每个人的朋友数量毕竟有限，要想扩大圈子，必然要有更多的人加入进来，以朋友带朋友加入的方式来壮大圈子，并设法将朋友的朋友变成自己的朋友。

利用朋友关系拓展社交圈子，从而增加粉丝数量，是一种行之有效的途径。几乎所有的网红都是通过这一方式建立起粉丝群体的。刚开始的时候，你可以主动添加别人，每天一般只能加几十个，这种粉丝相对比较精准，但你需要坚持每天认识几个新朋友，或者拓宽交往渠道，长期积累下来，你建立起来的圈子就会具备一定的专业属性。

朋友圈的互推也是一种快速增加精准粉丝的方法。比如，我们发一个市场营销培训的广告，再叫朋友转发，就会带来很好的效果。我有一个朋友，他新浪微博上的粉丝数量有3万多，我找他发一个有关培训讲座的广告，这时候就会有很多人来询问讲座相关情况，因此，以后有类似的活动，直接向这些人推送就可以了。

和客户交朋友也是一种行之有效的方式。比如，“小米”玩的粉丝经济，就强调把用户变成朋友，通过朋友的口碑相传，引来更多的小米买家。再比如，你是开化妆品店的，你可以跟你的客户这样说：如果你用了我的祛斑产品见效了，你可以推荐你身边想祛斑的人加我。我认识一位美妆行业的网红，她就是以这种方式累积了几万人的忠实粉丝。

2.用微博转朋友圈粉丝

微博导入粉丝的方法很简单，不过前提是你得要有微博粉丝。比如，一开始用户新进入时，面对0个用户关注收听及0条发言，多半会手足无措，不知道该如何操作。微博运营部门会在这个阶段介入推荐账号，目的是吸引、留住用户。学会了微博操作方法后，你得保证每天适时更新微博，刚开始时，你要奉献上3至5条高质量的微博，并且这些微博不但要精彩，还要能给粉丝带来帮助。此外，可以考虑适当付费开通账号头条和粉丝头条来吸粉。如果你文笔很好，表达能力强，还可以推送长文章，在里面植入你的微信号，粉丝也会加你。

不管采用何种方式涨粉，都不可能一蹴而就，需要长期坚持。

3.打理好自己的社交账号

很多人会主动优化社交圈子，取消关注话痨或无趣账号，增加收听有用的、喜欢的账号。在这一阶段，很多用户会删除、屏蔽部分好友，并慎重处理每一位请求加为好友的申请。

自己的账号被好友删除，显然不是什么好消息。不过至少传达了这样一个信息：你发的信息可能没有满足目标用户群的需求，有必要在后续展开优化。作为用户，如果发现自己收到的信息充斥着令人不愉快、不满意或者不好玩的内容时，他们就会有“交友不慎”的念头，因此他们会选择删掉那些带来不良信息的账号，重新选择一些有用的、有趣的朋友，或者考虑拓展新的朋友圈子。

不同的平台上，人们对关系链的容忍度不同。在微博上，一个官方账号可能发展到10万以上受众时才会遇到明显的退订情况，而在微信上稍微多发一些广告，就会被屏蔽或拉黑。于是越私密的沟通工具，人们对骚扰信息的容忍度越低。

所以，在打理个人社交账号的时候，一方面要经常更新内容，为收听自己微博的人提供帮助，另一方面不要急于将广告打出去，更不能将微博作为纯粹的广告载体。在广告投放方式、投放频次上都要仔细研究，尽量避免好友流失的现象发生。

除此之外，营销工作也十分重要。别看现在网红经济很火，似乎每个人一切入进去就会分一块蛋糕。如果你这么想，那就大错特错了。据了解，有很多的网红孵化公司由于拼命砸钱签约网红，而后续的供应链没跟上，结果出现了资金链断裂，不得不黯然离场。

有些新进入的网红确实一下子吸引了很多粉丝，但如果你因此认为只要将产品放进店铺就会有人疯抢，那显然你是太天真了。目前一些运营不错的网红店铺都感觉有压力，都想要拼命压缩成本，更何况是还只有投入而不见盈利的新进入者。

现在的电商平台，成本优势不复存在。你既要承受高昂的运营成本，也要承受仓库配货费、物流费、推广费等，一个都省不掉。随着网红的增多和各路资本的介入，竞争越来越激烈，稍不留神就有可能血本无归。

网红除了要有吸引粉丝和黏住粉丝的能力外，还要有运营管理的能力，这其中就包括了控制成本的能力，不仅包括日常开销，更包括营销费用。不是所有的推广都要花钱，现在有很多免费的线上线下推广方式，要用好微博、微信以及社区论坛等免费资源，只要你花费心思，照样能够以低成本实现营销推广。

不要轻易拼钱、拼流量，“走一步看三步”，一步一步稳扎稳打，才能蹚出一条网红经济的康庄大道。

大数据时代下的网红O2O：《小时代》为何能创造13亿票房

在互联网+时代，人人都在谈颠覆、谈变革、谈转型、谈模式。而事实上也正是如此，传统的农业、制造业等行业，其组织架构和运营方式都正在被颠覆。可令人意想不到的是，娱乐影视行业也遭受了来自互联网大潮的冲击，一些投入巨资打造的电影往往表现不佳，而披上了互联网外衣的小成本制作电影却在互联网的风口上大放异彩。比如，被炒得沸沸扬扬的《小时代》系列电影，其票房总收入达到15亿，令业界惊叹不已。

在热闹的背后，有必要好好研究一下《小时代》是如何获得成功的。以下是其成功的三大关键：

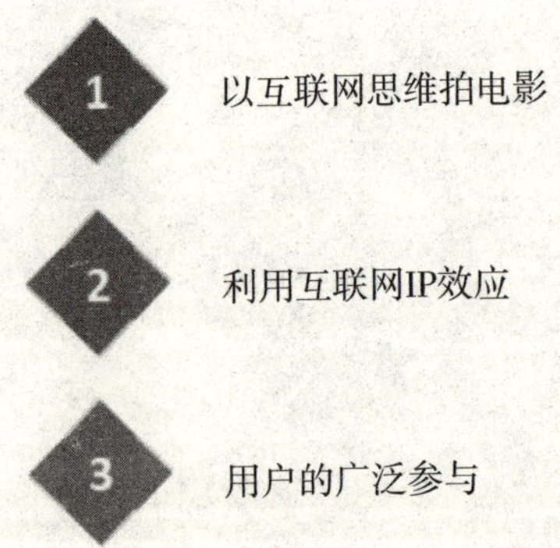

1.以互联网思维拍电影

平心而论，《小时代》并没有多高的艺术水准，在内容上还被批评

“浮夸”、“做作”，但这些缺点并没有影响到它的票房收入。电影中姐妹们的开撕，撕完后又立刻合好，在搞笑中不乏温情，这不正是时下年轻少男少女们的真实写照吗？

《小时代》电影的推出，其定位非常清晰：就是拍给那些少男少女们看的，这个群体有2亿多人。中国有14亿多人，哪怕有10亿以上的人对这部电影嗤之以鼻，也没有关系，因为这部电影不是给这10亿人看的。只要定位的群体中有预期数量的购买者，就够了。事实上，15亿的票房总收入已经证明了一切。

有人说，如果全中国人每人给我一元钱，我就能有十几亿，可人们凭什么给你一块钱，你得拿出理由来啊。你说我拍一部老少皆宜，适合全中国所有人看的电影，把票价定得低低的，5元钱一张票好了，全中国的人都来看，那票房就是60多个亿。可惜，你定位于所有人的电影产品，本来就没有清晰定位，即便你免费让人观看，也不见得人人都会来捧你的场。

《小时代》的成功，还是在于通过数据分析，强化了受众群体。乐视影业的CEO张昭强调：《小时代1》和《小时代2》的成功是粉丝经济和O2O商业模式的融合。原创作者郭敬明毫无疑问是这一粉丝群体的崇拜偶像，张昭的意思是：与其说是电影的成功，还不如说是郭敬明的影响力带动了粉丝的购买力，至于O2O，大约是线上推广电影，线下粉丝们在各大院线观看。然而其他的电影也会在网络上进行推广，然后粉丝得知消息后进电影院观看电影。所以依我看所谓的O2O助推票房飙升的理由似乎站不住脚，粉丝力捧倒是真的。

2.利用互联网IP效应

张昭提到，《小时代3》是互联网IP＋粉丝经济＋影院外交＋O2O营销的成功。从中可以看出，连“影院外交”都出来为《小时代3》站台了。

郭敬明的号召力非同小可，这就是互联IP效应。粉丝因喜欢郭敬明的文学作品，也想去体验一下由他的作品改编成的电影，这就是粉丝经济。关于全国各大院线是如何搞外交的，大约就是邀请制作方、演员召开新闻发布会之类的活动，至于线上推广电影早就不新鲜了，要说最新鲜的要数推出的弹幕专场了。

张昭将《小时代3》的成功归结为互联网思维的成功。显然，乐视是互联网思维的受益者。传统电视的商业模式就是从硬件中赚钱，而乐视诞生后，拥有互联网思维的它，专注于推出直达用户所需的产品。那什么才是用户所需的产品呢？参与感、个性化产品。乐视网以“产品经理思维”来构建内容，IP则借助乐视的推广，将线上粉丝的关注转化为线下的消费。

3.用户的广泛参与

现在早已不是“距离产生美”的年代了，现在商家要走的是群众路线，把用户发展成朋友，有了朋友的支持，才能走得更远。

2014年，马云推出了一个叫作“娱乐宝”的众筹项目，网友出资100元至1000元，就可以投资热门影视剧作品，《小时代》的投资正来自这里。而参与投资的网友则有机会享受剧组探班、明星见面会等权益，预期年化收益率7%。该项目一经推出，就吸引了大批追捧者。比如，《老男孩之猛龙过江》就通过该方式筹资1.65亿元。娱乐宝的年化收益率并不高，假设网友投资1000元，一年下来的利润也只有70元左右，这连一些银行理财产品的收益率都比不上。但这个活动却让普通用户之间的对话变得“土豪”起来：“喂，你投《小时代》了吗？”“投了，我同时还投了《老男孩之猛龙过江》”。

试想，粉丝亲自参与投资的电影，在上映的时候，他能不去捧场吗？

用户对粉丝的需求，绝不仅仅停留在使用阶段，他们更想表达自己各种各样的情感。所以，让用户参与进来，不仅可以为产品提供更好的优化建议，还能进一步刺激粉丝的购买热情。

互联网时代，将粉丝变成朋友，收集尽可能多的数据，就能够挖掘出网红IP的价值。在电影《小时代》中，没有大牌明星、没有著名导演，只有产品经理。郭敬明也不是导演，是电影产品的制造者，他所扮演的角色就是互联网IP＋产品经理，通过与乐视网的合作，做了一个粉丝经济的经典案例。

案例："铜雀叔叔"利用自媒体开展的营销活动

"铜雀叔叔"在新媒体传播界的名声如雷贯耳，他一手创办的"金刚文化"一口气签下了包括"同道大叔"、"小野妹子学吐槽"等200多名当红段子手。

"铜雀叔叔"其实是一名"90后"，他给人留下的深刻印象就是其成熟稳健的公司运营者形象。目前，他已经创办了图书、动漫、影视等子公司，他的新媒体运作思路和方法，一直为营销界、风险投资公司等津津乐道。

"铜雀叔叔"非常善于利用社会化媒体进行营销。在他看来，利用自媒体开展营销活动，具有纸媒、电视传播媒介无可比拟的优势。以下是其新媒体运作思路：

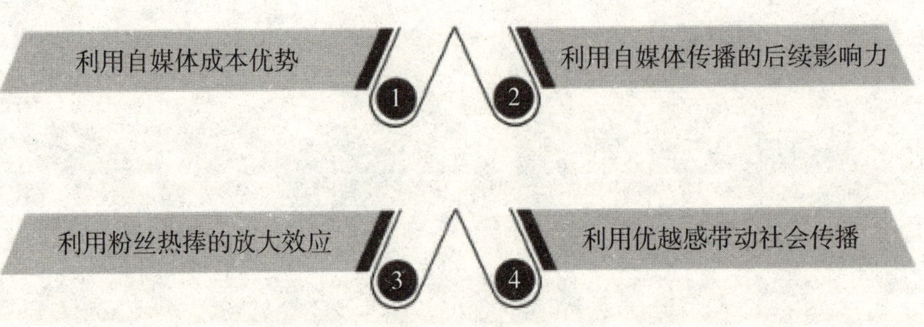

1.利用自媒体成本优势

如果要在发行量较大的报纸杂志上登整版广告或者是在中央电视台投

放硬广告，一次花费可能高达几百万元，最少也要花费几十万元。这样高成本的广告投入，如果带不来具体的效益，就意味着这些钱打了水漂。而找一些大号微博刊登一条广告，费用不过一两万，企业可以通过这样的方式来测试产品投放效果，如果效果好再去做花费比较高的大面积推广。社会化媒体营销最大的优势就是便宜，试错成本低。

在没有投入市场测试之前，没有人会了解消费者对某个品牌的态度，这时候自媒体营销营运者就需要进行产品测试。你的产品可能有很多优点，但用户真正关心的可能就那么一两个点。比如，一部老人手机，可能使用这款手机的人只关注铃声够不够大、屏幕上的字够不够大，至于内存多大，是不是还有其他功能，他们或许并不关心。所以，在自媒体上进行产品测试时，不要将一个产品的所有优点全部叠加起来，可以有针对性地推出一两个优点，测试市场反应，如果反应好的话就放大去做。

2.利用自媒体传播的后续影响力

自媒体传播的特点就是网民的口碑传播，网络活跃用户都喜欢发表观点、参与感强烈，他们大都在圈子中处于领导地位，有较大的影响力。自媒体营销运营者，只要管理好这些网络活跃用户，让他们去影响周围的一圈人，其传播效果就非常理想。举例来说，别人告诉我这个东西很好，我不一定相信，但我身边的朋友发微博告诉我这个产品很不错，我就会相信。

大多数自媒体营销，针对的是个性化的小众产品。首先你需要找到你的核心用户。核心用户应具备两个特点：一是他真的喜欢你，二是他本身有一定影响力。那么该怎么找核心用户呢？你可以发广告试试，看有没有人夸你。如果他在某个圈子里还具有较强的影响力，那么，将他作为你的核心用户维护起来，让他帮你做大后续用户群。

3.利用粉丝热捧的放大效应

小米总是把粉丝放在第一位，雷军说自己觉得小米手机很好没用，有用的是粉丝们都说小米手机好。运营好这些说小米手机好的用户，价值非常大。

前段时间有本书很火——“南派三叔”的《盗墓笔记》，我想，《盗墓笔记》不就是一个惊悚的盗墓故事吗，有啥好看的？直到后来，我在网上看到有一群《盗墓笔记》的粉丝赴长白山完成心愿，使得景区爆满，景区管理者不得不限制人数，于是我一下子就来了兴趣，也去买了一套《盗墓笔记》，来研究它为什么这么火。

粉丝的热捧是有放大效应的，粉丝都有自己的圈子，他的圈子里的人都有相同的爱好和追求。产品营销的关键在于不是自说自话地夸自己的产品有多好，而是想方设法让粉丝群体代你发声，如果你能让大多数粉丝叫好，那你就算成功了。

4.利用优越感带动社会传播

在社会化媒体营销圈里，会存在大量的分享与传播，而分享传播的大都是自我价值。特别是当一个人认为自我价值有优越感的话，他更愿意分享和传播。比如，当你向好友推荐一款苹果手机：“我目前就是用的这款手机，我觉得你也应该拥有一部这样的手机。”

“苹果”是相当傲慢的，可一些忠实的粉丝却偏偏毫不在意“苹果”的傲慢，甚至有苹果“死忠粉”认为这是一种个性、一种气质和格调，让旁人哭笑不得。另外，相当数量的“果粉”，认为自己使用苹果手机以来，自己的品位也得到了一定的提升，“如果你使用的不是苹果手机，你都不好意思在众目睽睽之下掏出手机来玩”，有这种心理的“果粉”一定不在少数。

给你的用户带来优越感，这就是品牌运营推广的绝招。作为粉丝经济的集大成者，“苹果”一直强调品牌的个性：高端、极致，是身份的彰显。靠优越感带动社会化传播，是最有效也是最有价值的传播方式。

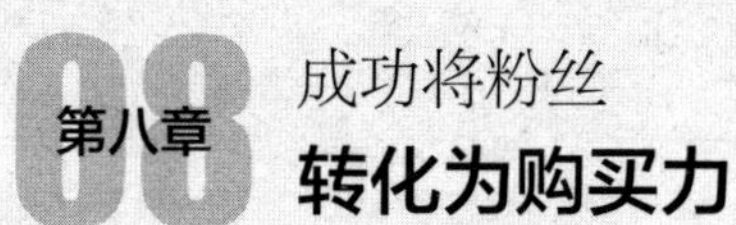

第八章 成功将粉丝转化为购买力

网红经济的终极目的就是盈利。如果一个拥有千万量级粉丝的网红，没有方法和手段促使粉丝购买自己推荐的产品，那么拥有多大的粉丝数量都没有实际意义，最多成为一个人们茶余饭后的谈资而已。网红要实现粉丝的转化，至少要经历三个阶段：吸引精准粉丝、营销活动的执行和推广、为用户提供个性化的产品或服务。

流量与购买力之间隔着“千山万水”

有时流量只是“面子工程”，在庞大的流量中，忠实于你的用户是有限的。那些纯粹来围观、打酱油者的流量，是不会转化为购买力的。

美国知名的汉堡王做过两次实验。

第一次实验在2013年2月，汉堡王在Facebook（脸书）上推出“求掉粉”活动——如果用户在Facebook上删掉10名自己的粉丝，就可以获得一个免费的汉堡，结果短短几天就有8万多人删掉了23.4万粉丝。

第二次实验在2014年1月，汉堡王设置了这样两个选项：“我是真粉”、“我是僵尸粉”，二选一，只要选择“我是僵尸粉”就能得到免费汉堡，但代价是收到汉堡王的绝交信，同时被拉黑。在将近4万名用户中，近3万人选择了“僵尸粉”选项，而选择“真粉”的人数不到1万名。

这个实验的结果有些残酷，这说明了粉丝并不都是“死忠粉”，在蝇头小利的诱惑面前，粉丝很容易“背叛”。不过，还是有将近1万名“死忠粉”，这也可以聊以自慰吧。

即便是那些“死忠粉”，如果口袋空空，拿不出钱来购买产品，也是白搭。因此，单纯的流量并不能说明什么问题。

诚然，网红经济现在很火，随着“papi酱”与“罗辑思维”的合作，也出现过“papi酱”第一次推出的广告就收获2200万元，现在的网红经济正处在风口。雷军曾说过：“只要站在风口上，猪都能飞起来。”

任何一个行业都是这样，如果有暴利出现，后面的跟随者就会迅速加入，随着加入者的逐渐增多，业内的竞争就会越来越剧烈，随着市场的饱和，行业将面临重新洗牌的境况。高手玩家会在激烈的竞争中胜出，而运营不规范、缺乏创意思维、实力较弱的，则会被淘汰出局。

之所以会出现这样的情况，就在于你只会复制，不会创新。你看见别的网红成功了，于是你也去复制他的运营模式，可是你能复制的仅仅是那些你能看见的东西，你无法复制成功要素中的理念、思想和运作技巧。

可以说，网红偷偷赚钱的阶段已经过去了，靠露肉、卖萌而一夜暴富的想法也越来越不实际。围绕网红经济的相关产业链正在迅速兴起，培训公司、孵化公司、风险投资公司、电商大佬，纷纷杀入这一领域。

可以预见，网红以后赚钱会越来越困难。有些人认为只要有足够数量的粉丝，就可以做网红、发大财了。而事实并非如此，所有大号和网红，都需要专业的运营和推广。即使是号称从来不打广告的“罗辑思维”，事实上也不得不依赖专业团队来运作和推广产品。

那么如何获得购买力呢？

1.推动信息互动

开放平台的主要工作，就是面对百万以上的注册合作伙伴不断展开各种沟通。网红利用微博打造品牌更成为一种普遍现象。一家网红店在“粉丝通”上投入上千万元做推广也不是什么新鲜事。即使是总能生产出优质内容的网红，在产品营运方面，仍然要利用大数据工具、利用电商平台、利用各种渠道来推广自己的品牌。

微博运营技巧简单来说，就是想方设法推动信息流动。女性账号或以女性视角存在的账号在信息流动方面就做得不错。例如“淘女郎”和“美丽达人”。一开始，“淘女郎”只是淘宝网的一次评比活动，意指活跃在淘宝上的女性。很快，她们纷纷在社区、微博中分享自己的装扮心得与购物经验，引导其他女性用户在淘宝上购买自己心仪的东西。现在许多导购网站中，专业的“淘女郎”、“美丽达人”已经成了贡献内容的核心告知人群。

不只是大号，大部分懂得原创优质内容的网红都能赚到钱。即使你是一个朋友圈的小卖家，只要懂得优质内容的营销，你也会比别人更出色。比如，同样是卖祛斑霜，别人都会发公司统一的祛斑前后的对比图，但如果网红别出心裁找机会和线下的这个消费者合影，然后再把合影与对比图一起发到微博上，这种效果当然会更明显，也更容易赢得粉丝的信任。

2.优质内容的价值

垂直专业领域的网红由于时间和人力的投入较大因而更具有吸引力。垂直专业领域的账号在聚拢某一类人群上起到了很重要的作用。在社交网络中，陌生人凭什么捧你，还不是因为你满足了他的某一种需求。优质的内容是获得信任赢得关注的关键。

那么优质内容都有哪些特点呢?

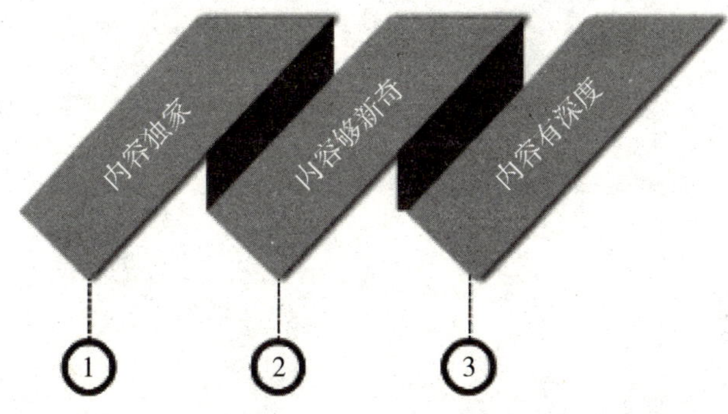

首先，内容独家。比如，有一个经济学教授用经济学方法阐述品牌打造时要注意的问题，这样的阐述只有这个账号有，其他账号都没有。

其次，内容够新奇。好奇之心人皆有之，每个人都喜欢了解一些自己感兴趣的知识。比如，“如何让桀骜不驯的丈夫俯首帖耳？”“如何一眼看穿别人的真实想法？”等，再结合内容来推广，效果一定不错。

最后，内容有深度。作为一种现象，不但要告诉用户发生了什么，而且要告诉用户为什么会发生。现在大家谁都不缺信息，大家更喜欢的是有深度解析的、带有独特视角的文章。

3.营销活动的执行和推广

当我们在微博上通过“新年红包”这个公众账号来制作一个红包时，实际上是在享受一个微型金融服务。一个好的营销活动，肯定是以粉丝产出或销售产出为目的的。营销活动的执行和推广，无非是结合信息的演进，将你所提供的服务与用户交互。如果信息的演进、服务的提供、良好的反馈等环节能相互融合，并产生良好的化学反应，那么我们就可以说这个营销活动是成功的。

最成功的网红懂得让自己的价值最大化

这个世界上，没有投入就没有产出，而且没有大投入就不可能有大收益。不管是人力的投入还是资金的投入都是如此。

有一位视频直播网红，她的月收入十多万元，她说："别看我现在每个月有十几万，但花费也相当高。上高档餐厅消费、买昂贵的奢侈品、跑会所、给粉丝们发红包……去除花费的，每个月能剩下三四万就相当不错了。"

这位网红说的是实情，网红要向粉丝展示高端精致的生活，就必须投入大把的钱来进行包装。按上述网红的说法，并非自己热衷于高消费，而是工作需要，是投资的需要。

所谓舍得，是有舍才能有得。打个比方，当年淘宝刚出来的时候完全免费，很多人赚到了第一桶金。今天你看那些还在淘宝上活跃的人，大都不是第一代淘宝人，因为第一代淘宝人要么赚钱乏术，要么转行干别的去了。马云说："那些聪明人都离开了，剩下来的都是比较傻的人，但最后傻子都发了大财。"马云眼中的"傻子"，就是那些不愿投资的聪明人。

随着淘宝平台规模的不断壮大，淘宝的佣金也水涨船高。比如，2012年的时候，淘宝美妆类店铺的佣金在15%左右，而现在，美妆店铺的佣金达到了40%。

阿里的大淘客是阿里的优质资产，阿里最高设立了90%的佣金给大淘客，私下里还付给其更大比例的佣金，目的是什么？做流量，做优质客户的导流。许多做流量的商家都将大把的资源投入流量的转化上，最后他们都赚了大钱。

阿里不会告诉网红淘客是怎么去运作的。淘客运作的核心机密就是淘客的人脉圈，这个人脉圈是最为优质的数据资产，数据的收集工作不能指望别人提供给你，你需要亲自去做。

比如，你现在知道了淘客很厉害，那么，你就有必要去了解淘客是怎么运作的了。杭州一家网红孵化公司精心组织公关团队，花了两个月的时间研究淘客，一个月时间测试出效果，后来，他们终于打通了国内最顶层的淘客人脉圈。

网红的最大价值即人们认为其具有的价值。比如，一位网红的一次贴片广告的费用，淘宝红人店铺一年下来的纯利润等，都可以作为一个网红的参考价值。

如果要将网红价值细化，还可以从以下几个方面进行综合评价。

利用关注和曝光产生价值

利用唤起用户需求产生价值

利用偶像引人模仿产生价值

1.利用关注和曝光产生价值

很多人都看中了网红的流量价值，比如，传统巨头阿里巴巴，最看重的价值就是网红自带流量，对平台型电商来说，有了流量就有了一切。一般来说，平台型电商的盈利模式，无非是通过大量的流量展示，为其他商品引流。

快消品对流量的依存度比较高。也就是说，对于快消品来说，只要有大量的曝光，被消费者多次看到，就能提高销量。比如，当你多次看到巧克力的诱惑图片时，你就会想到要体验一下美味。

此外，一些价值不算高的商品，在经过流量轰炸后也能有效提高销售量。比如，我要买一个电熨斗，如果最近电视上总是曝光电熨斗的画面，而且花费也不高，消费者就容易购买。而如果是要买一颗昂贵的钻石戒指，此时流量的作用就不大了。因为不管你做多么密集的广告轰炸，当用户考虑到“钻石恒久远，一颗就破产”的情景时，他是不会轻易去购买的。

2.利用唤起用户需求产生价值

特别是在新产品投入的时候，要让用户改变习惯接受新产品。

比如你要卖一台智能冰箱，该冰箱能够自动提醒用户里面的鲜牛奶只有2瓶了，提醒主人赶紧备货。因为普通人都用惯了传统冰箱，所以对智能冰箱的广告并不感兴趣——我已经习惯了，凭什么让我改变消费习惯。

而网红就有可能轻松唤起用户对该智能冰箱的需求。比如，你通过看网红的文章，看他如何利用智能冰箱提供缺货警示，看智能冰箱如何预警快过期的食物，从而让人们拥有更健康的生活方式。通过网红的亲自示范和强力推荐，从而挖掘用户潜在需求。

3.利用偶像引人模仿产生价值

粉丝会不自觉地模仿偶像的言行，这也是一个网红很重要的价值。比如雪梨会把自己塑造成一个时尚女性形象，从而成为很多粉丝想要成为的人。于是大量粉丝开始模仿雪梨的行为：穿什么品牌的衣服、平常的消遣娱乐方式、都会参加什么样的社交活动，等等。

这个价值就是品牌影响力价值。以前的品牌代言为什么青睐明星，因为明星具有引领潮流的价值。网红的IP属性，不仅让粉丝无条件支持，而且还能花大把的时间解决产品营销的问题。这种类型的网红，一方面可以为第三方品牌代言，另一方面也可以考虑创建自己的品牌。

网红的价值远不止流量。网红电商不应照搬传统电商的流量变现模式，而应根据具体的价值单元来设计商业模式。

网红刺激粉丝主动购买的技巧

有很多的粉丝是属于看热闹型的，他们可以对心中的偶像保持忠诚，但就是不肯掏钱购买。例如，有人喜欢看“papi酱”幽默搞笑的短视频，就是为了娱乐。假设“papi酱”在平台上推出某款娱乐软件，大部分的用户是不会购买的，尽管他们很喜欢“papi酱”。

网红经济不是人口红利，即使拥有庞大的粉丝群体，而且粉丝的黏性也很高，但并不意味着主动花钱购买产品的粉丝就多。其一，不见得每个粉丝都需要娱乐软件；其二，即使需要娱乐软件也不一定每个人都会买你的娱乐软件。

那么，网红们应该怎么办呢？粉丝的购买欲望不强烈，有没有什么办法刺激粉丝的购买欲望呢？答案是肯定的，以下就是刺激粉丝主动购买的技巧：

1.利用粉丝的同情心理

这个很好理解，例如，我们在路过地下通道的时候，看到有人在那里吹拉弹唱，其面前的盒子里有零零散散的钞票，路过的人会在盒子里放上一两块钱。人们给那些街边卖艺的人钱，只是因为他的技艺高超吗？显然不是，人们是认为他在以此谋生，给他一两元钱是为了让他活下去而尽一点绵薄之力罢了。

同样的道理，粉丝如果认为你是以晒颜值为生，他们就有可能为你付费。比如，有个视频主播说：“亲们，小女子在这儿抛头露面也是没办法啊……我要筹钱给父亲瞧病，你们要多给点打赏哦！”

谁知道她说的是不是真的，不过听到她这样说，打赏她的粉丝就多了起来。这就是利用粉丝的同情心理，刺激付费。

2.激活粉丝的帮助心理

愿意帮助弱者是相当一部分人的心理。例如当弱势群体遇到解决不了的问题时，只要在网上一号召，网民们就会纷纷捐款捐物，帮助他们解决当下的实际困难。

所以，激活粉丝帮助别人的心理，也能刺激他们主动掏钱。

例如，有一个自媒体网红，她在与粉丝互动的时候说：“你别看我总是在自媒体上提供干货文章，但我没什么钱。你们知道吗？我为了写这篇《×××××》文章，光国家图书馆就跑过三趟，去查资料，每个细节我都亲自去核实……”当粉丝们发现她这么辛苦敬业，而且“很穷”，而自己也从文章中获益了，于是会认为付出一些金钱给她也是应当的。

有很多的美女主播其实月收入相当可观，可仍然在看起来简陋的房间里直播，并称呼那些收入远不如自己的打赏粉丝“土豪”。“小女子谢谢你们的帮助。”也是美女主播经常跟他们说的话。

刺激粉丝帮助心理的关键，是要让他们觉得他们自己的帮助很重要。比如“咪蒙”在文章中多次感谢粉丝的帮助，才让她的公众号广告转化率得以提高。

3.帮助粉丝提升自我形象

有一种现象特别有趣：有一部分人在个人消费方面，私下里非常节俭，而在公众场合会显得很大方，比如“抢着埋单”“给服务员小费”，等等，按他们的话说“就是不能让人瞧不起”，“抠门”“铁公鸡”“穷酸”等，都是他们想要极力避免的“负面形象”。

网红也可以利用粉丝的这种心理。比如斗鱼平台会定期公开展示粉丝贡献值最高的用户并以排行榜形式强调粉丝“身价”。

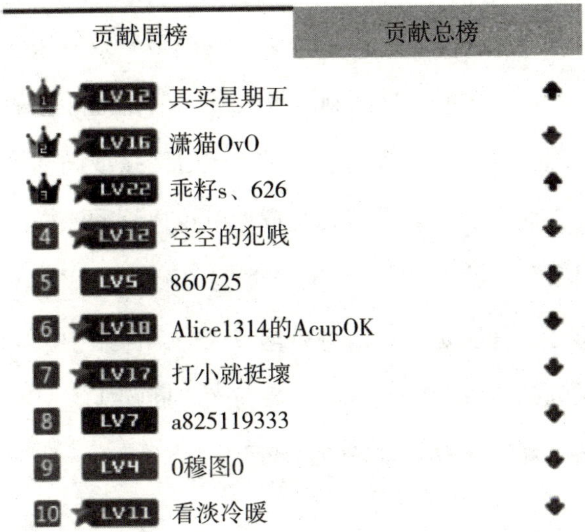

贡献周榜	贡献总榜	
1	LV12	其实星期五
2	LV16	潇猫OvO
3	LV22	乖籽s、626
4	LV12	空空的犯贱
5	LV5	860725
6	LV18	Alice1314的AcupOK
7	LV17	打小就挺壞
8	LV7	a825119333
9	LV4	0穆图0
10	LV11	看淡冷暖

4.激活粉丝的“负债感”

有恩必报是中华民族的传统美德。人们在接受别人给予的恩惠后，往往会投桃报李。

举例来说，互联网经济的免费模式，除了具有吸引人们进入尝试的作用外，还有激活网民“负债感”的作用。

李彦宏曾说过：“我们推出免费的百度搜索引擎，就是希望能让更多的人占便宜，同时去打造一个未来的模式。”

占了便宜，当然会想到有所报答，至少会优先想到便宜的提供者。比如，百度国内用户多，只要产品不比谷歌差，用户当然就会选择百度推广（这个推广是要付费的），这个付费推广就可以看作“回报”。360董事长周鸿祎说得好：“你在别人收费的地方免费了，你就要想办法创造出新的价值链来收费。”用户感觉到百度的免费搜索是花费了巨大成本的，很多人从百度搜索中获益，所以他们会认为多花些钱做深度推广，一方面自己不亏，另一方面也“不能让百度运营不下去”。

5.刺激粉丝上瘾

这是引导粉丝进入系统，采取购买行动的最有效方法。刺激方法有两种：外部刺激和内部刺激。外部刺激吸引粉丝，内部刺激持续诱导用户。

例如，微信公众号文章吸引阅读量，通过链接或图标等方式引起用户注意，这是外部刺激；公众号系列文章像电视连续剧一样，看了上一篇文章的“问题提出”，就需要看下一篇文章的“解决方案”。

网红要思考的问题是：如何将粉丝带入一个体系中去，让粉丝上瘾，从而通过一系列的奖励和诱发机制刺激粉丝不断购买。只有改变粉丝的消费习惯，才能使其经常购买你提供的产品。

根据粉丝数据进行精准投放

对于网红而言，每一个真实的用户都是一个价值点，每个有影响力的用户都是自媒体。根据粉丝数据进行名单式销售，除了感觉，还要有分析。

我曾做过一次有关职场女白领的市场问卷调查，希望了解朋友之间的分享互动对决策的影响。结果显示：衣服鞋包、帽子饰品是女孩子最常购买的商品；女性在网上最关注什么方面的问题呢？38%的女性选择了着装；女性对朋友推荐的着装，52%的女性表示会认真考虑，有40%的人会参考别人的评价，如果有朋友帮助她们决策，考虑购买的可能性将达到90%。数据还显示：经常聚会的女孩子占比60%，聚会中讨论妆容打扮的占47%，讨论娱乐八卦的则占30%。

这个调查不一定准确，因为每个人都有不同的圈子，调查的时间点对结果也有影响。不过，我们仍然可以得出以下结论：

首先，女孩子都喜欢漂亮衣服，都觉得自己的衣服是最漂亮的。女孩子很少会去研究别人为什么会喜欢那样的衣服。她们的认识是感性的。服装网红为什么这么火？根本原因是女孩子的盲从心理。很多女孩子会这样认为："既然网红穿起来好看，我也要像她一样漂亮。"

其次，女孩子都喜欢分享，特别是有关商品信息的分享。

最后，女孩子都特别容易受到朋友的影响。如果是朋友推荐的，她们一般都会重视。虽然不一定马上买，但一定有很深的印象。

服装类网红的目的是为了赚钱，而且是赚尽可能多的钱。她穿衣服是为了给粉丝看，粉丝觉得好看，才算好。同时，喜欢关注服装网红的女孩子，很可能会同时关注多个网红并在她们之间做比较，究竟哪个网红的服装最好看同时又最便宜。

无论是网红本人，还是运营网红经济的企业，在互联网时代，都必须好好利用大数据。互联网时代，没有人知道你是谁；而大数据却让人更容易就知道你到底是谁。

其实，传统品牌与网红的合作，也是为了积极搭建粉丝营销通道，期望将粉丝对网红的崇拜转化到对品牌的偏好上。品牌投放先围绕网红，再进行用户数据和行为分析，最后才挖掘出精准粉丝。我们来看一下“飞亚达”是如何通过网红代言进行精准投放的。

“飞亚达”是一个专业腕表品牌，其目标用户群体是25~30岁之间的魅力女性，于是“飞亚达”找“女神”高圆圆代言。高圆圆拥有2000万粉丝，为了在庞大的粉丝群体中提炼品牌核心，腾讯视频对高圆圆粉丝群体进行了全方位分析：围绕粉丝兴趣、性别、年龄等进一步挖掘，找到与高圆圆有共同审美价值的精准粉丝——他们追求高品质生活、信赖大品牌、有独特的品位和追求。而根据腾讯视频临摹的粉丝画像数据显示：女性消费者占比60%以上，其中25~30岁的魅力女性占比达46.58%。最后得出的结论是：高圆圆核心粉丝与“飞亚达”品牌高度契合。

“飞亚达”市场部经理表示：这次的产品投放非常成功，选择通过腾讯视频进行精准投放，就是看中了腾讯视频的大数据处理能力，腾讯视频帮助“飞亚达”精准锁定了核心受众并大幅提升了品牌覆盖率和触达精准度。

在互联网时代，任何信息都能数据化：用户的浏览记录，天猫旗舰店上五颜六色的衣服，微博用户的观点也都是数据。大数据时代的到来，让信息变得更加公平和平等。不过，大数据不只是直观数据信息，更重要的是预测，分析大数据，把握趋势，掌握竞争对手动态。

对于网红和运营网红经济的企业来说，除了要进行自身数据的分析，还要花时间和精力去研究竞争对手，分析他们的优势和劣势。

具体该怎么做呢？

比如某女网红是服装类网红的最大竞争对手之一，那应该如何分析她？首先，收集所有有关她的数据：有多少粉丝、每天发多少条微博、一般在什么节点上推出含有内置广告的软文、有多少转发数、好评和差评的比率，列一张表，进行大数据分析。

其次把你所有的竞争对手都记录下来，将他们的每一个关键指标进行细化分析，每天记录他们的粉丝数变化，如果你发现某天他们的粉丝数量猛涨，你可以推断出他们大概是做了付费推广或者是开展了微博活动；再次要关注他们置顶微博的变化，一般情况下，微博都是博主大力推进的内容。通过对这些关键指标的分析，就可以大致了解他们增加粉丝的方法以及相关的运营规律了。

最后要注意竞争对手广告投放的金额，关于广告投放的金额，一般是保密的，所有的网红和他们背后的团队肯定不会将其告诉竞争对手。但这也并不是铁板一块。只要你用心研究找对方法，也一定会可乘之机。例如，通过基础数据的分析，确定竞争对手在哪个时间节点投放了广告，通过公开的途径或者私下在圈内打听这次投资情况，一般都会得到详细的数据信息。这个“间谍”活儿目前的难度不太大，除非是网红自己的孵化公司投的，否则都可以找到投放记录，然后分析其投入产出比例，从而确定自己下一步的行动计划。

通过对某网红微博的研究发现：该网红几乎每天都在微博上发广告，按照其粉丝基数和影响力，她每刷一次广告所得的价值有5万至6万元，一年下来，光是其刷广告的价值就有几千万。因为广告是置于微博中的，没有做额外的推广，所以大家现在可以看明白为什么网红的盈利能力很高了吧。

纵观该网红的微博内容，60%是在推软广告和硬广告，20%是在聊一些生活内容，而剩下的则为粉丝提供专业意见。这就不难理解为什么明星做不好个人品牌了，因为明星的个人品牌做不到专业意见输出，更无法把自己的生活和个人品牌全部关联起来。举例来说，章子怡在戏里穿的服装就不具备推广价值，因为在拍摄完后，这套戏服就被封存起来了，这样的服装无论多么新潮时尚，粉丝都不会掏钱购买。

通过对竞争对手的研究，对各种数据的分析和预测，可以对流行趋势、产品方向、预期销售额度有一个总体的把握。同时，在自己的企业内部，也要重视大数据的收集、分析和运用。网红经济本质上属于互联网经济，只有全方位借助互联网工具，进行科学的分析和研判，才能在日益激烈的竞争中胜出。

挖出用户兴趣点，提升用户购买率

网红是通过激发用户兴趣点来盈利的。从本质上来说，网红挖掘粉丝的兴趣点，就相当于传统营销中的挖掘用户痛点。

你也许会问，“兴趣”和“痛点”原本就是反义词嘛，怎么“兴趣点”就成了“痛点”呢？那么，我问你，如果满足不了你的兴趣，你会不会感到痛苦？网红放大兴趣点的目的，就是挖掘“因为兴趣未被满足而感到痛苦”的粉丝，所以，从粉丝兴趣点上做文章，与传统的挖掘用户痛点有异曲同工之妙。

无论网红在社交平台上展示何种产品或服务，只有有足够数量的用户或粉丝才有活路。也就是说，必须有用户喜欢你推出的东西。粉丝们追捧你，是因为喜欢你这个人还是喜欢你推出的产品，或者是二者兼而有之，这个你一定要分清楚。

粉丝都是依据个人喜好来选择他们喜爱的网红的，同时，网红也是通过挖掘、发现、培养、利用粉丝的兴趣点来盈利的。

这就要求网红必须将粉丝的兴趣点和提供的产品高度匹配，否则就会导致“有流量而无生意”的现象产生。

兴趣点，毫无疑问就是用户的购买动力。

那么，你或许会问：我该从哪个方面入手挖掘用户的兴趣点呢？很简单，关注各种榜单和指数排行，去各个专业网站或论坛了解粉丝话题方向。例如，找一个微电影大号，关注大号所发的内容，你会发现，观众喜欢弹幕这个玩法，观众还喜欢轻喜剧，这时候你可以根据相关话题制造优质内容。如果你说自己策划、炒作和推广都不会，那你会什么？上大街上去咬狗会不会？找个人将这一幕拍下来发到网上，没准就能火。当然，活动的策划和推广是一个系统工程，如果有专业团队在背后打理，效果会更好。

生产出优质内容，是网红的基础性工作，也是最重要的工作，因为优质的内容能带来粉丝用户和生意。但只生产优质内容还不够，网红还需要持续经营和管理。许多靠单打独斗来实现盈利的网红，由于没有精力或专业能力来运营企业，当业绩达到一定水平后就原地踏步了，甚至由于经营不善而导致业绩下滑。

对那些尚处于单打独斗状态的网红们来说，要善于进行内容营销，围绕用户的兴趣点做文章，这样才能有效提升用户购买率。

最后，还要归结到产品上。没有过硬的产品，粉丝是不会买账的，所谓的“脑残粉”毕竟是少数，总体来看，用户的任何决定势必会以自己的利益为出发点。一旦企业发生变故或者某天推出的产品不符合用户的口味了，他们便会头也不回地抽身离去。

那么如何围绕用户的兴趣点做营销呢？

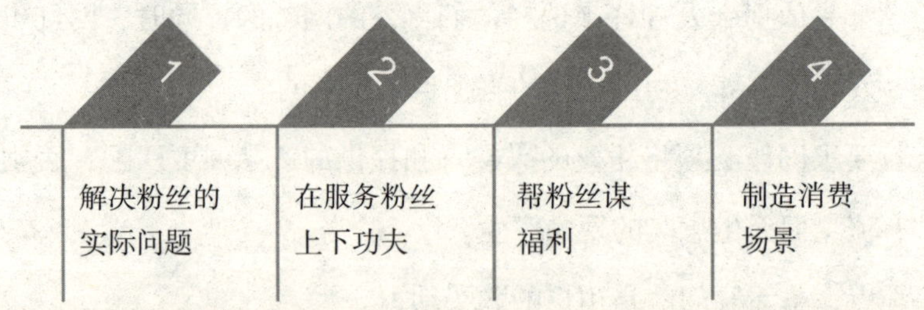

1.解决粉丝的实际问题

不管时代如何变换，网红再怎么玩噱头，懂得怎样讲情怀、理想，都必须拿出实质的东西，这样粉丝才更容易为产品埋单。

网红经济是一种影响力经济，网红品牌的价值体现在产品人格化上。网红只有把人格和内容融入产品中，才会赢得粉丝，才会吸引粉丝掏钱购买。粉丝不但是你的拥趸，更是你的用户。

粉丝经济看似风光无限，实际上，这世界从来没有割不断的粉丝，偶像坍塌、利益缺失都可能成为“掉粉”的症结。说到底，没有哪一个粉丝是你个人的粉丝，大家都是产品或服务的粉丝。所以，好的产品和服务才能真正让粉丝不离不弃，如果你的产品不能解决粉丝的实际问题或粉丝对你的产品售后怨声载道，他就会狠心抛弃你。

2.在服务粉丝上下功夫

在互联网上，网红靠优质内容引来粉丝的赞和转发。如果你传播的内容对每一个粉丝都有用，而且不影响粉丝之间的利益，他们就会帮你转发。把你的粉丝当作朋友来看待，朋友之间都是乐于分享的。比如张大奕在微博上说：“我知道你们都在复习！那么辛苦啊！好可怜！所以明天必须买些衣服犒劳自己。”这句话的核心是激起粉丝购物的兴趣，而且还找了一个很好的理由——犒劳自己。

作为网红，不要把你的粉丝分为三六九等，在中国，你走高端路线，可能你自己觉得清高，结果通常是只赚到了吆喝，却换不来红利。如今，一贯以高贵面孔示人的奢侈品牌，也开始放下架子，走平民化路线，目的就是要让更多的用户参与进来。

百度、腾讯和阿里巴巴，哪个不是在为普通用户提供产品和服务？哪个不是在赚普通人的钱？你以为在淘宝上买东西的都是有钱人？马云就曾说过，他自己从来不在淘宝上买东西。

百度自创业以来也把目标用户定位为普通用户，从未把用户分为三六九等。曾经有人嘲讽百度不如谷歌，认为用谷歌的人更高端，用百度的人都没有身份、没有地位。李彦宏可不这么认为：“这有什么错？中国的十几亿人口中大部分是普通人，他们是最需要被帮助、最需要被服务的一群人，而我们所做的产品、所提供的服务就是让最多的人从中受益。”结果呢，更能抓住普通用户，为普通用户提供搜索服务的百度挤走了谷歌，成了最大的中文搜索引擎。

3.帮粉丝谋福利

作网红可不是为了出风头，而是为了赚钱，网红积累粉丝是为了将粉丝转化为客户。之所以不将粉丝分为三六九等，主要是为了达到量的积累；之所以要挖掘粉丝兴趣点，主要是将之前的量变转为质变，最终让粉丝为产品埋单。举例来说，所有使用过百度搜索的人都是百度的用户，但是只有最终花钱做推广的人，才是百度的客户。而不同的客户带来的价值也不同。比如不同的企业在百度上推广，推广的费用不同，在百度搜索页的排名也会有前后之差。

在互联网经济中，免费是王道，360免费杀毒、百度提供免费搜索引擎，这都是在为用户谋福利。免费的目的是为了累计更多的用户，用户基数足够庞大后，再针对一些有特殊需求的客户提供增值服务，这个增值服务是要收费的，百度、360等互联网巨头就是靠这个模式挣钱的。

网红的盈利模式是同样的道理：网红提供的视觉盛宴或是优质内容是免费的；但如果你还有更高的要求，则需付费购买。免费只是手段，盈利才是最终目的。

4.制造消费场景

服装类网红为什么要在海滩上晒靓照？制造消费场景而已：粉丝们，你看我在海滩上穿上这套性感的比基尼，引来多少帅哥的关注！你们要是穿上这么一套比基尼，在海滩上这么一秀，是不是也有相同的效果？快来买吧，还犹豫什么？

这个就是消费场景的制造。应该说，很多粉丝在购买网红推荐的产品的时候是非理性的，甚至有点傻，消费场景的制造，就是要让粉丝变傻。比如张大奕有一条整骨的微博视频，其内容比较新鲜，是用张大奕惯用的搞笑手段拍出来，比较有感染力，粉丝会有种莫名的新鲜感，这就是营销的最高境界。因为不明所以，故而感觉厉害。魔术师的表演为什么会吸引那么多的目光？因为他采用了一些障眼法，将一些匪夷所思的场景呈现在了观众面前，其实了解了他背后的把戏后，人们就不会感觉神秘了。

最后给大家举一个营销场景的实例：北京有一次下大暴雨，因路面积水太深，很多人因为怕湿了鞋而不敢过马路。这时候有人将杜蕾丝避孕套穿在脚上，一路涉水过了马路，鞋一点没湿，杜蕾丝为此大做文章，将该视频上传至网络，一夜之间，这条视频爆红网络，引来无数的转发和评论。而杜蕾丝的营销诉求则是：杜蕾丝牌避孕套质量好、安全性超高，连套上鞋过马路都没被撑破，要买避孕套，还得选杜蕾丝牌的。

这个场景的制造很经典：首先是围观，其次是引起好奇，再次是加深用户对杜蕾丝的印象，最后就是用户马上购买。

引起粉丝共鸣，提高购买率

网红经济的实现，在于能制造出引起粉丝共鸣的内容，从他们的痛点和刚需入手，这才是成功将粉丝转化为购买力的关键。那么如何引起粉丝共鸣呢?

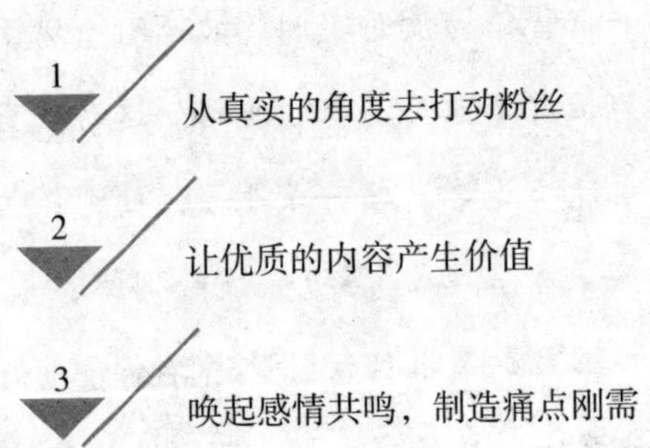

1.从真实的角度去打动粉丝

粉丝经济目前的确很火，但真正要做起来也很不容易，首先要求你要有踏踏实实做事情的决心和勇气，不要急于回报。网红做内容的过程，就是一个付出全部心力以讨好粉丝的过程，如果你缺失真诚，很难成功。

我身边一个网红，每天发微博教大家理财，粉丝互动的情况不是很好。于是我对他说："你为什么不将自己理财成功或失败的案例与粉丝分享呢?把你当时最真实的想法用图文的形式表达出来，同时还可以以请教的口吻请粉丝出主意，说不定能提高粉丝互动的积极性。"后来他发了一篇几千字的文章，将忐忑的心情、焦急的等待、成功后的喜悦用一篇长文写了出来，瞬间就有几十人参加互动，分享自己的投资理财心得。

2.让优质的内容产生价值

网红制造消费场景的过程，其实就是分享自己生活的过程。网红通过小视频、文字、图片来记录自己的生活，当网红要在某个节点推出产品的时候，会塑造一个核心的主题，通过极致的生活体验来制造消费场景。

消费场景必须带有强烈的价值观和情感，同时要把专业意见传达给粉丝。在内容生产方面，比如文字，必须具有煽动性，能够煽动起粉丝的情绪，不管是正面的情绪还是负面的情绪都行，不温不火的文案是无法引起粉丝关注和互动的。

忠实的粉丝不只想看到心中的偶像一刹那的闪耀，更希望看到有关偶像生活的方方面面。所以，很多网红不只是在自媒体上分享专业内容，还在私下里跟粉丝互动，聊一些有关生活的琐碎细节。

有一个网红在微博上大倒苦水，说因为没时间陪男朋友，现在男朋友正在跟她赌气，还把她男朋友发给她的气话展示给粉丝们看。于是一大堆粉丝纷纷给她出主意，后来她采纳了一个粉丝的建议，亲自下厨做了一桌丰盛的大餐，她男朋友立马原谅了她，随后她把她和男朋友享用幸福晚餐的照片贴在了微博上。

在整个过程中，这名网红有意识地让粉丝融入自己的生活，参与到他们的生活之中，甚至让粉丝帮忙出主意。这样的代入感是很强的。

3.唤起感情共鸣，制造痛点刚需

唤起感情共鸣的方法很多。例如，说粉丝想说而不敢说的话，替粉丝鸣不平，替他们做不敢做的事等，都能有效激起粉丝的共鸣。

另外，网红的励志故事最容易引起粉丝共鸣。因为每一个普通的粉丝，都有不甘平凡，逆袭中产阶级的心。所以这是一个非常好的切入点。与粉丝分享自己当初是如何艰辛，如何通过努力改变了生活状况，以此来吸引同样想改变命运的粉丝。比如下面这段文案：

男人就是贱坯子，想当初，我对男友那么好，可他从来不关心我，仗着他有俩小钱，经常对我颐指气使，还说什么不要出去工作……女人要有钱，有钱才活得有尊严……我前男友希望与我重新修复关系，姐现在根本不搭理他。想要变美气死前男友的加我！

这个文案比较能引起女性朋友的共鸣。现在大多数年轻女性，都有着强烈的财务独立的愿望，甚至还有男女朋友在一起进餐时实行AA制，这种情况越是在高端人才身上体现得越明显。上述的那位网红，其实说出了广大女性粉丝的心里话。女人有很强的报复心理，男人抛弃女人后，女人通过自己的努力，过上了人人羡慕的生活。“不搭理前男友”这就是报复，这个“真实的生活场景”就能激起女粉丝的共鸣。她最终的目的还在于产品销售，“加我，我有办法让你变得更漂亮，气死前男友”。这时候，粉丝和你的情感已经高度融合，他们会帮你做口碑传播和价值传播。

网红要善于制造共鸣的内容，要找准粉丝的痛点和需求。其实，每个人都有痛点和需求，只是在网红还没出现的时候，这些痛点和需求没有被粉丝发现。那么，网红要做的，就是将这些痛点和需求翻出来，引起粉丝的共鸣，从而提高产品购买率。

案例：一个创业者背后的网红生意经

年轻人都有创业冲动，不客气地说，失败者居多，成功的是极少数。创业有风险，特别是在这个快速迭代的互联网时代，钱一投进去，说没就没了。

资深金融人士吴小平告诫创业者："要创业成功，首先必须成为网红。"这话虽然有点绝对，但也从一个侧面证明了创业的不易。

不过，我在这里要告诉大家一个成功创业者的故事，他不是网红，但做的事跟网红经济有关。

前段时间，我一个江苏的朋友阿明来找我，他之前在深圳一家母婴电商做营销推广，后来回江苏老家发展，想开一家服装淘宝店，专营针织类女装。按阿明的说法，他做的是C店，在供应链后端有优势，他老家的亲戚有很多是开服装加工厂的，美丽说、蘑菇街、优衣库等电商的供货商都来自于这样的服装加工厂，而且他不仅可以拿到最低价格的商品，还可以先卖货后付款。

由于他长期浸淫在服装店商领域，做的又是营销推广工作，所以他明白要靠性价比、靠极致体验获胜的道理。

与网红先创牌子不同，他是先解决货物供应问题。他不断地约谈一些优质厂家，就供货、货款给付、仓储物流等环节与厂家商谈，他尤为希望能延期付款，由于他是本地人，所以合作厂家满足了他这一要求。

货源问题解决了，接下来就该研究淘宝红人店铺流行的款式以及运作手法了。他从最基础的历史数据开始研究运营良好的淘宝店铺。店铺每卖一个爆款，他都会研究竞争对手的款式设计、营销推广，研究服装网红如何与粉丝互动，研究网红如何在微博推广中植入软广告和硬广告，研究网红粉丝群的年龄、性别、喜好和购买力等。他的做法值得称道。我说过，如果自己还没有创造出好的盈利模式，那不妨借鉴已有的商业模式。他知道去研究竞争对手，时间长了，这个竞争对手有什么策略，思路是什么，他都会非常清楚，如果这时候出现了行业机会，就能轻而易举嫁接起商业模式。

阿明解决了产品供应端的问题，接下来要做的是推广产品。他找到一家网红孵化公司，利用该公司的网红做模特，他让专业摄影师拍了一大堆图片。

产品定位和供应链搞定后，接下来就是客服和运营团队的搭建了。因为他曾是服装电商的高管，在如何搭建客服和运营团队上可谓驾轻就熟。他清楚地知道，要最终留住用户，提高回购率，客服是重中之重。有一次，他为了让一名客户修改中差评，亲自买了一张机票和礼物去拜访客户，在淘宝上卖东西，一旦有了中差评，一个商品在短时间内销量会大大降低。而C点是个人卖家，好的评价显得尤为重要。每当遇到差评的时候，他都会提着礼物登门沟通，客户往往被感动或者在软磨硬泡中把中差评给改了。

其实，创业者的核心问题之一是资金问题。要想赚钱就得投资。而现在有很多人没有资金准备就开始创业了。我这位朋友所赚的钱都拿来买房了，他攒了有10套房，就是舍不得出售。在他看来，他就是创业失败了，也没损失老本。我问他，那你创业总得投入吧？他说没事，想办法找合伙人，钱让他们投。自己现在还有少量的存款，可以先小资金运作起来。

阿明做事异常刻苦，亲自忙里忙外。最近，他的资金有了着落，一家服装加工厂为他投资了100万元，我想，这与他的踏实勤奋密不可分。

成功创业靠的不是满腔热血，而是对这个行业长期的关注和研究。

想当年史玉柱推出征途游戏的时候，他经常在网吧里玩游戏，了解游戏玩家喜欢什么样的游戏模式，通过对游戏玩家的研究，他得出这样的结论：有钱的人没有时间玩游戏，而有时间玩游戏的却没有钱。于是史玉柱推出了玩游戏挣钱模式，这就解决了没钱玩游戏的玩家需求，同时，有钱而没时间的玩家，则可以通过购买装备来显示玩家的身份和地位。史玉柱实际上是通过付给没钱的玩家很少的费用吸引他们来升级装备，而有钱的玩家通过付出高昂的费用来买这些升级的装备，这样一进一出，中间的差价就被史玉柱收入囊中了。当时，这种模式一出来，各游戏开发商都傻眼了：竟然还有这么个玩法！

把你的用户研究透，无论是传统经济时代，还是互联网经济时代，这都是创业者必备的基本功。

电商自媒体圈的大佬们一直劝粉丝不要去研究马云和刘强东，应该多研究些对自己有用的案例，结果现在跑出来一堆“咪蒙”和“papi酱”的跪拜者，把他们的粉丝营销视为神话，认真与务实，这或许是创业成功最重要的法宝。

09 第九章 强强联手打造 无缝对接的供应链闭环

品牌商永远在寻找高效率的营销方式，由于电商在线下扩张以及线上导流的效率逐渐下降，品牌商正在重新寻找新的高效导流方式。而网红作为意见领袖，利用自身在社交网络上积累的大量社交资产，大大提升了产品推广的有效性和针对性。网红与品牌商合作，前者充当品牌代言者角色，后者则提供全程供应链服务，实现从产品设计到最后送达终端消费者的供应链闭环。

网红该如何利用自己的影响力激活市场

很多公司都在砸钱打广告做市场，网红们也忙着在购买流量，淘宝店铺女装红人张大奕在上新的时候，也忙着在微博上给粉丝“洗脑”……所有这一切，无非是为了扩大品牌影响力，进一步激活购买力市场。

许多的传统品牌投放广告的形式正在悄悄地发生转变。你现在没有听到人们热议“央视标王”了吧。当年的央视标王秦池集团，每一天支付给央视的广告费相当于购买一辆高配置奔驰轿车的费用，巨额的广告费成了秦池集团的巨大负担，而“标王”的身份并没有支撑起秦池神话，秦池最终因资不抵债而宣告破产。秦池的没落引起了企业界对非理性广告投入的反思，这种拿钱砸出来的曝光率究竟会对购买率的上升起到多大的作用，一直是品牌商关注和研究的问题。

海尔自2014年初，就开始逐步减少硬广告的投放，转而采用在内文中植入广告的新媒体运作方式。张瑞敏说：“在未来的海尔，无用户全流程最佳体验的产品都不应生产；无价值交互平台的交易都不应存在。”不难看出，海尔广告策略的转变正是基于广告运营成本、购买转化率和产品精准投送的角度来考虑的。也就是说，海尔认为，以前即使人们看了广告，也很少实际下单，与巨额广告费用相比，即使产生了一些推动作用，消费比远远没达到预期并且也不能有效激活消费动力。

网红经济的出现，让一些传统品牌商看到了以较少的推广费用激活市场活力的可行性。例如，网红的推荐具有很大的影响力。因为网红推荐的产品是针对特定粉丝群的，是市场的一个微小的细分领域，可不要小看这一市场力量，网红的粉丝群体通过转发、集赞、分享、口碑等，能够在一个群体内引发连锁反应，可以直接改变成千上万人的行为。网红的意见和示范效应，有着强大的威力。

“美啦美妆”是网红张博创造出来的一款App产品，该产品针对的就是那些爱美女士。许多的女性不是不想美，而是不知道怎样才能更美，怎样的美才适合自己。

用户打开“美啦美妆”后，显示的内容都是一些碎片式博客，在信息爆炸的时代，碎片式内容更易分享，也更易在轻松的阅读中找到有价值的信息。

为了提升品牌影响力，“美啦美妆”还搜罗了一线明星化妆师的经验之谈，将他们塑造成“美丽意见领袖”，与用户一起互动。在该平台上出现化妆话题时，“美啦美妆”会跳出相关的产品推荐。如此一来，用户在选择产品时更有针对性。

在张博看来，这样的方式不算是广告，因为“美啦美妆”在第一时间为用户提供了最值得考虑的产品，这跟赤裸裸的广告推广有本质区别。

“美啦美妆”的成长速度惊人，其推出的App上线不到3个月，下载用户就超过了50万。

产品的真正价值在于以用户为立足点。只有满足用户需求，让用户从中受益，他们才会心甘情愿为你的产品付出——购买或传播，无论是哪种付出，都会为你带来价值。

那么网红该如何激活市场呢？

1 网红的推荐是“权威”

2 以新奇性激发粉丝分享

3 刺激用户主动向你询问问题

4 把产品与话题绑定起来讨论

5 从引领粉丝到引领用户

1.网红的推荐是“权威”

事实上，相当一部分人对硬广告持一种怀疑态度，他们更愿意相信口碑。例如，不管在电视广告上如何吹嘘某洗发水的去屑效果，观众都不见得相信；而假设你的朋友告诉你，某洗发水去屑效果很好：“我使用了这个牌子的洗发水，两周后头皮屑明显减少，一个月后，彻底告别了头皮屑。”很明显，你会选择相信朋友的推荐。

当然，网红们也不要夸大其词，把原本没什么效果的产品进行大肆吹嘘，如果粉丝购买你推荐的产品后发现不是你推荐的那种功效，粉丝一样会把坏口碑推送到朋友圈；而如果你推荐的产品确实不错，价格也适中，那么购买了产品的粉丝同样会将这一好消息告诉他的朋友。

2.以新奇性激发粉丝分享

所有的人都拥有分享新奇事物的冲动。比方说，你在某个月朗星稀的夜晚，途观看见天空中飘来一个浑身发光的飞船，你用手机把这个画面拍摄下来，之后你会迫不及待地将这个情况告诉你所认识或不认识的所有人，这就是主动分享的诱因——因为足够新奇，所以有必要让大家都知道。

具体到网红如何引发粉丝的深度讨论、推荐，那就要为粉丝提供他们易于理解且与产品推广有关的新奇信息了。假如你推荐的产品、服务，无论是在功能上还是在体验上，都超乎了粉丝的想象，那么这个新奇信息就会被广泛传播。小米雷军说：“要打造令用户尖叫的产品。”如果你提供的产品信息能令粉丝“尖叫”，那粉丝主动转发分享就是必然的。

3.刺激用户主动向你询问问题

用户向商品提供者咨询有关问题，企业的客服会进行相关问题的解答。例如，患者登录某医疗网站点击“视网膜色素变性”后，马上就出现了“朋友，你需要什么帮助吗？”“需要在线咨询吗？”“需要我为你联系专家吗？”等弹框。这算传统做法，用户就出现的问题咨询，客服解答用户提出的问题。传统的客服巴不得用户提出的问题越少越好，如果不提问题，那就最好了。而网红则相反，为了刺激消费引导购买，网红会主动设置话题，刺激用户提问，在互动解答问题的过程中敲定交易。

网红要做的就是想办法刺激用户主动向你咨询问题，具体的做法是提供专业知识或者是“保密数据”。例如，小米手机在初期营销的时候，大力宣传智能手机的暴力空间，并以一组组内部数据显示出来，计算出高档品牌手机的利润率。其言外之意就是：“你知道吗，苹果5s手机5000多元，但成本和1980元的小米手机差不多，我们这款手机配置与它差不多，而价钱却便宜许多，我们就是要让利给消费者。”这样的知识分享显然效果明显。

网红同样可以采取这种方式吸引用户：你知道吗？传统服装要经过多少中间商的层层盘剥，广告费用、大批发商、小批发商、店面费用、人力成本……就我推荐的这款制作精良的针织外衣，如果以传统的方式卖给终端消费者，要卖800多元吧。而亲们，你们在我这儿订购，只要200多元，便宜600元哪！这600元就是我砍掉所有中间环节省出来的，这省出来的钱就返还给你们了。

4.把产品与话题绑定起来讨论

与产品销售无关的话都是废话，网红虽然有时为了活跃气氛，不得不说废话，但只说废话而不进入正题，就无法实现销售落地问题。这就好比两个生意场上的伙伴，见了面难免进行一些寒暄之类的铺垫。然后双方再在友好的气氛中进行了深入会谈，“友好气氛”虽然不起直接作用但很有必要，最终的目的还是要引入“深度会谈”中。

那么，网红该如何将“闲聊”引入有关产品的话题中去呢？将具体的产品绑定到容易引起讨论的话题中去。

例如方太抽油烟机的话题绑定就很巧妙。来看看方太抽油烟机的广告词：

一旦暗斑开始偷偷爬上你的脸颊，抹再多的化妆品也无济于事，不下厨房的男人才不会懂，真正引起你肌肤问题的是油烟中隐藏的300多种危害！

一头令你心动的秀发真的只要一瓶洗发水就能换来？不下厨房的男人才不会懂，天天下厨房的她因为油烟的危害，发质干枯毛躁，再难拥有一头少女般的乌黑秀发。

方太抽油烟机的广告妙就妙在容易引起情感共鸣的表达方式上。抽油烟机是耐用品，好几年才买一次，被提起讨论的频率低，而如果将其与美容等话题绑定，就容易引起讨论。

5.从引领粉丝到引领用户

开创了一个潮流，就意味着打通了一条源源不断的财路。假设张大奕设计的服装引领了时尚年轻女性的潮流，而且这些女性通常会购买张大奕牌潮品服装，那么，以前那些想要购买陈小颖牌潮品服装的消费者就会犹豫起来。“那么多人都去买张大奕的衣服，我如果去买陈小颖的，会不会不合适？”有这样的疑问并不稀奇。因为人都有从众心理，人家都买了苹果手机，那我也要买一个：“虽然小米的性价比很高，功能一样不缺，手感外观都与苹果不相上下，但我的同伴买的都是苹果手机，我还是多花点钱买一个苹果手机吧！”这是典型的从众心理。

网红们要好好利用这种从众心理。可以通过初始刺激，让一部分人先用起来，粉丝们都乐意将使用产品的照片回传给他们心中的偶像。网红可以精挑细选那些效果极佳的图片，并配以用户极致体验的“最高评价”以此来刺激更多的用户购买。当购买群体达到一定规模的时候，这种影响力效益就凸显出来了。

网红作为意见领袖实现了客户的精准营销

粉丝的数量不一定能带来生意。许多企业在考虑让网红代言广告的时候，侧重点往往在于该网红粉丝数量的多少。而事实告诉我们，有足够多的人关注，并不代表有足够多的人会去购买。粉丝数量多并不代表掏钱购买的用户就多。一个网红的价值大小，不只是体现在粉丝数量的多寡上，更重要的是他是否能唤起粉丝用户的认同感，进而转化为实际的购买力。

在移动互联网时代，粉丝经济快速成长。雷军就是靠玩粉丝经济制胜的典型代表。移动互联网的特点就是去中心化思维和人格化思维。在网红经济时代，网红首先要做的就是区分谁是你的用户，谁不过是围观者。

学过电商的朋友都知道，没有流量就没有好生意。但是有了流量，也不一定会有好生意。规模和收益是两个不同的概念。有用户光顾，但是他只看不买，这样的用户虽然带来了巨大流量，但其实都是无效流量。

电商的成交能力也取决于三个要素：流量、转化率和客单价。同样的道理，网红粉丝经济的成交能力也取决于三个要素：粉丝数、平均每个粉丝的月消费贡献值和品类数。所以，客户精准营销的关键还在于粉丝的转化率。

在很多人眼里，营销就是拼命导入流量，不断加大产品的曝光力度，只要有足够的曝光率，用户就会买单。前面已经说过，流量和粉丝转化是两个不同的概念。如果你投放的是他们不需要的产品，即使你在广告上投放再多的资金，也不会产生任何效果。

采用简单粗暴的的营销手段，不区分粉丝与客户的“轰炸式广告”营销，被证明是不合时宜的营销方式。有一个网红孵化公司，投入了几十万买流量和曝光度，结果才转化了两位数购买用户；公众号发了无数红包，吸引了一大批粉丝，结果文章的阅读量并没有明显的上升。

据研究，在商品价值很低，消费者在买或者不买，对其影响都不是很大的情况下，高流量和高曝光率会促进产品的销售。例如，减肥饼干一盒不过几十元，消费者抱着买来试试看的心理，对减肥有效固然很好，如果没有效也无所谓，反正没有什么大的损失。

然而，如果是要买一个大件的商品，举例来说，某房地产公司在北京的某黄金地段开发了一个项目，每平米10万元，由于属于高端地产项目，目前要急于去库存来腾出资金空间去开发新项目，于是这家房地产公司在各大媒体不间断地投放巨额广告，你认为会起多大作用？看广告的人大都是普通民众，他们根本拿不出这么多钱买房，这样的广告无论曝光多少次，都不会起到多在效果。所以，房地产广告要针对特定的人群投放：企业主、国企高管等富人。

网红实现对客户的精准营销，需要有以下几个基本步骤：

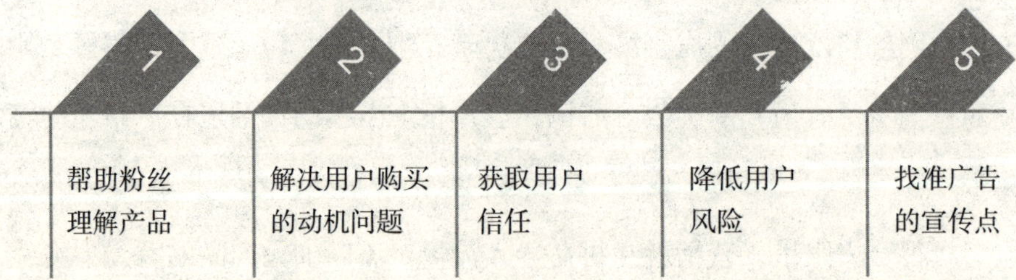

1.帮助粉丝理解产品

用户如果不了解你的产品，你做多少次曝光也不会有好的效果。比如，有一个传统广告，其文案是这样的：我们只想给消费者一个满意的产品，一个真正满足消费者需求的洗车机器人。很多人还不了解机器人是如何洗车的。在这种情况下，网红作为产品使用的推广者，就必须通过亲身示范，教会用户如何操作。只有在用户真正了解产品后，才有可能购买。

2.解决用户购买的动机问题

我们都知道，现在的网络视频直播市场很火，视频网红的打赏收入很高。但绝大多数的粉丝纯粹是为娱乐而来的，给网红主播打赏的粉丝是极少的。由于粉丝基数庞大，即使是极少部分的粉丝打赏，网红的收入也相当可观。

不过这一变现模式不具备普遍意义，例如，纯粹玩搞笑视频，如何与产品更好地衔接就是难题。“罗辑思维”等砸了1200万元投资“papi酱”，其效应只体现在流量上，至少到目前为止，除了广告收入，我们并没有看到“papi酱”与产品的衔接。我们不妨假设，如果没有具体的产品衔接，那就只有继续放大广告平泡沫一条路，即使“papi酱”的粉丝数量过亿，也最多是个广告载体。而且是充当单纯曝光的广告载体，解决不了用户理解、信任、动机等问题，流量的效果必然大打折扣。

3.获取用户信任

小米手机的热卖，从根本上来说是获得了用户的信任。小米通过各种发布会、开展米粉节活动等获得了用户的信任，使米粉们觉得小米手机不错。小米的当家人雷军就是一个网红，苹果有个乔布斯，小米有个雷布斯。加上小米的性价比不错，所以小米手机卖得很好。

4.降低用户风险

例如，房地产商在卖房子的时候，经常会刺激用户去看房。经过培训的售楼员会绘声绘色地引导准客户看房，地段、房间布局、采光、朝向……最初阶段他们尽量不提购买的事。用户因此也不用担心“看了就得买”，同时是真的有需求，所以参加的积极性就很高。

有的商家推出免费试用活动，用户感觉好再买。

不过说句实话，比如我看到一个卖新品洗发水的现场推广活动，他们邀请围观的人免费体验试用，当体验完后，工作人员会对试用者说：“怎么样，感觉很清爽吧！价钱并不比同类产品贵，要不要来一套？”实际情况是，试用者大都买了产品，因为一方面免费享受了一次，不买会感觉心里愧疚；另一方面，试用者会认为：“看起来也有些效果，就买一套产品吧，反正要用，价钱还不算贵。”

这些方法都能刺激用户做出购买决定，广告的效果更好，针对性更强。

5.找准广告的宣传点

营销推广的宣传文案是很重要的。例如，美国“帮宝适”推出的纸尿裤，一开始的宣传文案是：本产品具有极强的吸水性，可以减少妈妈们换尿布的总数。这个文案推广没有见到什么效果。后来“帮宝适”的文案推广变成这样的：帮宝适具有超强的干爽功能，可以让婴儿更舒服。结果这个广告宣传大大提高了客户的购买率。

为什么前一个宣传效果不明显而后一个宣传能促使产品大卖呢？因为

前者的宣传点会使使用产品的人有负面形象——为了图方便，竟然给婴儿使用纸尿裤，有“懒妈妈”嫌疑，而后者凸显了婴儿的舒适度，试问：有哪一个妈妈不希望自己的婴儿更舒适些呢?

同样的产品，宣传点不同，效果大不一样。

网红销售模式为品牌商打开了吸引客流新通道

网红销售模式的优势是动作成本低和较强的变现能力。如今，品牌人格化的趋势愈加明显，网红经济可以充分利用碎片化的时间影响粉丝，并进一步推动产品的销售。

网红销售模式目前在服装、旅游、美妆、母婴产品等产业上持续发力，已经引起了越来越多投资者的关注。

网红现象的本质是粉丝经济个体去中心化，优势是能大幅提高供应链效率。网红处于供应链前端。运营网红经济不但要寻找、培养合适网红，还需要持续帮助他们吸引粉丝，维持粉丝黏性，提高网红电商的变现能力。

网红靠优质内容来抓住粉丝，通过定期更新内容，培养用户阅读习惯；在引流和导流时，网红根据不同平台设计导流方式。例如，网红运用微信公众号链接店铺吸引社交流量，微博通过店铺链接导入电商平台。

品牌商借助网红的影响力，正试图通过社交媒体的杠杆撬动市场，品牌传播的娱乐化，让粉丝更有认同感，粉丝分享又完成了品牌的传播和消费闭环。通过线上的互动和线下的体验，凸显了品牌特色，也塑造了企业全新形象。

除此之外，网红电商要加强产品附加价值，通过内容再造、流量入口细分等方式，让品牌突出重围。为此，要做好以下两个方面的工作。

1.强化产品

网红经济的一个极为重要的特征就是产品的定制化。批量化的大规模生产模式不适应消费者的需求。淘宝副总裁张勤说："淘宝网的发展策略就是个性化定制和云导购。"其中个性化定制强调的就是产品的开发能力。产品开发能力不足，消费者的个性化需求无法满足，那就只能靠砸钱打硬广告来提高曝光率了，这种粗放式营销方式提高了营销成本。

网红品牌商不会轻易打价格战。例如Lin，宁愿积压产品，也不愿意打折销售。她认为，打折意味着自贬身价，不但有损品牌价值，而且通过价格战带来的用户也没有黏性。打价格战只对短期的产品销售有利，从长远来看，降价促销并不能带来销售额的增长，而且对品牌的损害很大。

2.成功在于专注

你羡慕财经网红李大霄估值10亿元，于是你也准备搞一个类似的视频直播网站。刚组成了团队还没开工，淘宝红人店铺骄人的销售业绩又让你蠢蠢欲动，于是你又丢下这盘棋，立马跑去打造红人店铺。然而八字还没一撇，你又看到"留几手"的贴片广告一条几万元，于是你眼前一亮，你又开始心猿意马……

曾经有人向马云倾诉：经营了一家酒店，一年后就关门了，接着做起了橱柜和卫浴生意，3年后由于业绩不佳，想转行干别的。这一次，在面对销售手机、建材等选择时，他犹豫了，不知道何去何从，于是向马云请教。

马云的回答是："你没入错行，只是心太花了，不知道自己要什么。你现在这样做就像是狗熊掰玉米。先跟你说一个坏消息：你这样做肯定要失败；再说一个好消息：在失败的企业中绝大部分是因为不够专注。"

现在的商品供应越来越丰富，消费者的选择也越来越多。垂直领域内的网红为何越来越吃香？其根本原因就是满足了小众化需求。几乎所有成功的网红，都在致力于打造特色优势产品来赢得粉丝的心，继而让粉丝代为传播品牌。

很多人对网红的生命周期津津乐道，其实，延长网红生命周期的关键，不是颜值、不是资本，而是专注力。

自媒体时代网红如何通过产品传递信息

信息的传递离不开时效性。互联网经济下的电商、微商、自媒体、网红，都离不开即时的信息传递和分享。

在自媒体时代，精准把握时效性是产品营销的重中之重。当前的很多网红经常面临的问题是，虽然在微信营销方面投入了大量资金，但是效果并不明显，其推出的微信公众号阅读量不大，转发评论者寥寥无几。虽然许多玩微信营销的商家囤积了大量货物卖不出去，但这并不妨碍新进入者进入微商领域跑马圈地。

并不是时髦的营销方式就一定能带来利润，不管你怎么炒概念，玩花样，最后还得回归商业本质：产品和营销。任何新的商业模式都离不开产品的生产和销售。

这就需要网红通过产品来传递信息，那么该如何做呢？

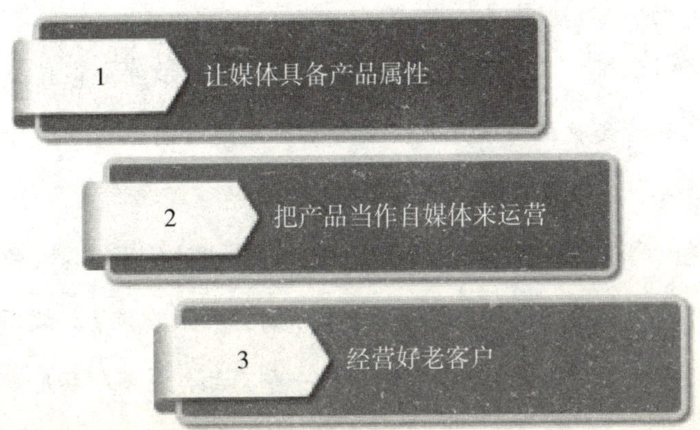

1.让媒体具备产品属性

什么叫媒体的产品属性呢？举例来说，段子手网红的文章，有100万人的阅读量，之所以有这么多人去消费这篇文章，就是因为这篇文章具有优质内容的特点，这和因为产品优质，所以购买量大的道理是一样的。既然网红有内容生产，那么这个内容就具备了产品的属性。

网红只有生产出优质内容才能够持续满足粉丝的需求并获取注意。“留几手”能持续满足要求他点评照片的粉丝的需求，这里的关键词是“持续”，偶尔露个肉、发表一个耸人听闻的怪诞故事，然后没有后续跟进的内容，这就是偶然性而不是持续性，偶然性的东西不足以通过产品传递信息。而具备产品属性的信息必须具备三个要素：创造需求、能够持续满足需求、能够持续引起用户的注意。

很多人在运营自媒体时常犯的错误是在设计新媒体时仅仅将其看作是传播渠道，而没有从产品属性的角度去设计传播的内容。所以，网红在规划公众号等自媒体时，首先要问自己这样一个问题：这个自媒体到底是为满足什么用户需求而设计的？最容易想到的是娱乐消费，很多人无论在地铁站还是在公交车上，都是以消遣娱乐的形式打发无聊时间的。但事实上，很多自媒体内容并不仅仅是打发一段时间，而是帮助用户更好地完成某个任务，比如“凯叔讲故事”就能代替你完成给孩子讲故事的任务。

凯叔名叫王凯，从央视辞职后创建了“凯叔讲故事”微信公众号，现在有很多的家长会收藏筛选王凯公众号上那些适合自己孩子听的故事，如果家长觉得某个故事很精彩，还会在微博上分享。

王凯说：“很多妈妈觉得这个东西好，因为我的故事不像其他讲故事的电视节目有杂音干扰，我完全是以一个父亲的口吻来给孩子讲故事，所以受到很多家长的欢迎。后来我想着将它做成一个产品，并不断和用户互动。”

毫无疑问，王凯的自媒体公众号就具有产品属性：创造需求、持续满足需求，以越来越贴近用户的方式吸引新用户。

自媒体要获取注意力不难，难的是将注意力持久化。而任何一个成功的产品，都必须具备持续获取注意力的能力。假设格力电器的市场部解散，没有任何广告，人们还是会想到“好空调格力造”；再比如华为，从来不在媒体上投放广告，但并不影响其产品的畅销。这说明经过多年的努力，华为不需要进行营销推广，只要想到华为所拥有的专利产品，就自然而然想到华为的实力，其产品错不了。

2.把产品当作自媒体来运营

消费者在使用产品的过程中，能让品牌自动传播，这就是产品的纸媒体运营模式。

市场上有一种专门针对小朋友消费群体的干脆面，每一包干脆面里都有一张小卡片，小卡片全是大型游戏“英雄杀”里面的人物：秦始皇、宋江、武松、曹操……很多小朋友喜欢玩“英雄杀”游戏，收集这些卡片后，小朋友们还可以利用这些卡片玩游戏，这个产品的运营方式很值得借鉴：产品附加信息内容，只要你拿出一张游戏卡片，就表明消费了干脆面产品；小朋友为了收集更多的卡片，就需要买更多的干脆面；小朋友之间相互比拼、传播，加上与游戏结合，其传播渗透效果更好。

其实，品牌运营商完全可以借鉴这一模式——让产品带有流量属性。比如，让产品像媒体一样，提供内容：

某益智类玩具，其包装盒上所传递价值是“让孩子在玩游戏的时候增长智力”“孩子智力不好、反应迟钝，这个玩具可以帮家长解决这一问题”。

父母都舍得在孩子身上进行智力投资，最低要求就是不让孩子输在起跑线上。有些玩具虽然就是些普通的木头和塑料，但售价却很高，单从玩具的成本来看，它根本不值那些钱，可仍然挡不住家长们购买的热情。原因何在？现代社会的竞争压力大，父母都希望自己的孩子能在激烈的竞争中脱颖而出，所以，只要是有助于孩子健康成长的，家长们都乐于尝试，包括买昂贵的益智类产品。

让产品具有媒体属性，其实并不难操作。实际上，你在产品包装、文案设计、关系绑定、制造反差感等方面，都可以让产品传递信息，带来流量。

3.经营好老客户

提高粉丝用户的持续消费能力，留住经常购买你产品的粉丝，这是运营网红经济的关键。例如，淘宝上的红人店铺，其利润的绝大部分来自粉丝的重复消费。说到底，客户管理的关键核心是要制造买卖双方相互的黏性。经常购买你产品的用户，才是最值得你重视的资产，他们不仅为你带来收入，还通过口碑为你带来更多的买家。

想方设法管理好老客户比大手笔搞促销，用烧钱的方式来买流量好得多。不用着急，一步一步慢慢来，不要抱着一夜暴富的奢望，只要不断向前发展，就是会获得成功。

让网红品牌为用户提供额外价值

能提供额外附加价值的品牌，一定是一个具有影响力的品牌，用户对品牌的忠诚度也高。网红在运营品牌的时候，要特别注意品牌带来的无形价值。

那么，品牌的额外价值有哪些？网红又该如何通过帮助用户解决实际问题来提高用户对品牌的忠诚度呢？

1.提供购买动机

用户一开始的时候并不知道买什么样的手机好，直到苹果手机告诉他们什么才称得上是高品质的手机。苹果手机的高品质可被视作为用户提供的重要价值之一。

很多传统品牌都面临着品牌老化的问题，这不能完全归咎于产品过时，它们只是缺乏恰当的购买刺激罢了。例如十多年前某保健品主打民族牌，提供的购买动机是发展壮大民族品牌，这个刺激购买的动机太"高大上"，不接地气的品牌诉求很难引起消费者共鸣。

而优秀的品牌往往能准确抓住消费者的购买动机，刺激用户产生购买该产品的强烈愿望，从而拉近用户与品牌的心理距离。例如小米手机刚开始的时候宣传的是高性价比，而后来则强调的是米粉自己设计出来的手机。

2.打造极致的用户体验

没有好的用户体验的产品不是一个好产品。网红在打造品牌的过程中，要让客户感觉到你的真心，你对他输出的是情感。传统的说法是“客户就是上帝”，而体验经济时代你要将客户变成朋友。想想你平时会怎么对待朋友？会约他吃饭、召开派对。不要将你与客户的关系看成冷冰冰的买卖关系。

让客户产生兴趣是主要，卖货是次要。在卖货之前要先卖你的情怀、理念和故事。

3.创造和传递价值

价值是一个创造、传递、获取的过程，这一过程至关重要。提升价值，是任何企业纵横商场最有力的筹码。

例如百度的价值观就是“用户至上”。对此，李彦宏有一套自己的观点：我们首先为最大量的用户提供获取信息的途径，用户越多，媒体的影响力越大，越能够吸引更多的客户、广告主，这是我们能不断研发出最好的变现算法的重要基础，你要有足够大的基数，它才能成为一个高效率的媒体平台。而我们的变现算法越好，广告就越能精准地送达那些真正需要它们的用户面前，用户的体验就会越来越好，对百度也就越忠诚，广告主的回报也会越高，从而使投放的广告数量变多，而通过百度搜索引擎投放广告的广告主越多，我们的“变现算法”就会越进步。于是我们的媒体平台就会在这种良性循环中加速成长。三个部分之间相互促进，任何一部分的增长都能带动整体的增长，而这种积累和规模也为后来者建筑了高高的壁垒。

在创造和传递价值方面，亚马逊是我们的导师。就连李彦宏也主张学习亚马逊：“我们要向亚马逊学习，他们亏了10年的钱，但是他们目光长远，从点滴实事做起，始终坚持真诚帮助每一个客户，最后，当大家发现它是世界上最大的零售商时，已经没有人能追得上它了，因为它有最大、最忠实的客户群，没有人能抢得走。只有这样对待你的客户，才能真正获得长远的收益，只要客户真的认可你了，你就一定能成功。”

决定一个产品是否成功，不止要看它的利润，更要看它的价值。真正具有长远眼光的网红经济运营者，眼光绝不会仅仅盯住眼前的利润，他们更重视品牌价值。也就是说，他们不单注重产品所带来的利润，更注重产品转化利润的能力，这就是品牌附加价值的核心内容。

案例：进驻淘宝电商的网红微店业绩飘红

网红改善供应链效率主要体现在服装产业上。比如，网红作为时尚服装的代言人，直接以自身的影响对接供应链厂商，向粉丝投放经过自己筛选的服装款式，可以极大地提高供应链生产效率。

其实，网红就是一种典型的精准营销模式。尤其是在服装产业中，这种精准营销模式已经显示出了强大的威力。比如现在的淘宝红人店，已经颠覆了传统服装产业的运作模式。网红模式最显著的特征就是快速和精准，并且实现变现速度快。

例如Lin家孵化公司运作的网红服装店铺，只要确定了款式，用户下单后最快两天就能收到产品。这家公司发货严格控制在7天。这没有强大的供应链支撑是不可想象的。

那么进驻淘宝电商的网红微店是如何让业绩飘红的呢？

1.产品优质是硬道理

无论你怎么讲情怀、玩噱头，最终还是要以产品和服务说话。张瑜出生于1988年，他们家是“服装加工厂世家”，他们的家族工厂一度名列中国私企100强，有很强的实力。张瑜对产品的重视程度超乎一般人想象。

然而互联网时代对包括服装业在内的传统产业冲击很大，当许多人都在研究怎样开淘宝店，怎样做服装电商，怎样以互联网思维做产品的时候，28岁的张瑜却在琢磨产品。他经常会在竞争对手的店铺中买来一大堆流行的时尚服装，并和自家产品相比较。张瑜认为：不管模式如何，最终大家比的还是质量。互联网推广工具大家都会用，只有优质的产品质量才不易复制。

2.改造传统供应链匹配网红店铺销售节奏

张瑜的家族企业如果按传统的模式运营下去或许也活得很滋润。因为企业拥有一些数量可观的长期客户。

从英国留学归来的Lin为张瑜的事业打开了一扇窗。这个漂亮女孩在伦敦就已经小有名气了，个人微博粉丝近100万。回国后，她开了一家淘宝服装店，目标客户就是海归“白富美”。一直没怎么关注淘宝店的张瑜惊讶地发现，妻子的这个店铺，年销售额竟然超过1000万。于是张瑜决定改造传统供应链，用网红模式运营品牌。

Lin的网红店铺与大多数红人店铺不一样，她身后有家族供应链支持，从来都不担心生产、发货滞后的问题。Lin的店铺里没有多少存货。每次上新，张瑜只准备少量的现货，在下一个新款上市前，供应链系统必须要完成剩余的生产，并且还被要求快速送到消费者手中。

3.网红前端推广和后端供应链的无缝衔接

Lin坦言，相比于别的网红，她在前端算是比较轻松的。她一般在大酒店拍摄图片，因为她的店铺定位的就是海归“白富美”，而这群人最主要的去处就是这些高档酒店，而且这群人还不怎么热衷交流，基本上是进店抢了货物就走。Lin一个人身兼模特、设计师等职，虽然花在与粉丝互动上的时间比较少，但对每一件衣服的各个环节，甚至是每一张图片的修改，她都会亲力亲为。

互联网时代，体验经济大行其道，用户极致体验是提高购买率的重要保证。用户体验也是Lin高度关注的。她在线下开了实体店，为消费者提供新款预览。

同时对于高端客户，Lin还推出了定制服务。她说："我们的产品一般卖给这些高端客户，这些高端客户的维护成本很高，但是很值得，一方面能强化品牌影响力，另一方面还能带来大量优质客户。"

4.进一步强化供应链的快速反应能力

小型服装加工厂的最大优势就是灵活。张瑜发现，杭州的一些小型服装加工厂，工人们为了赶货，可以没日没夜加班加点完成生产。不过，小型服装加工厂的缺陷也显而易见，那就是设备和工艺流程相对落后。因为张瑜推出的服装产品走的是时尚高端路线，对工艺、设计等要求都比较高。张瑜的思路是借鉴小型服装加工厂灵活的特点，在高效管理的基础上，抛弃了几十人组成一个流水生产线的模式，将一条大的流水生产线改造成只有几个人的小组模式，这样一方面能解决灵活生产的需要，另一方面也能保证产品质量。